多様性を再考する

マジョリティに向けた多文化教育

Rethinking Diversity : Multicultural Education for the Majority

坂本 光代／編

上智大学出版
Sophia University Press

目　次

第1部　マクロ的考察
言語教育と教育政策

第1章　外国語教育へのアプローチ
排他的対包摂的言語政策の相克

坂本　光代

第2章　言語教育政策をめぐるマジョリティとマイノリティ
多民族社会マレーシアの英語教育政策の事例

杉村　美紀

第3章　真の多文化共生を目指して
望まれる言語教育と教育政策

坂本　光代・杉村　美紀

第2部　特権の可視化
日本人に向けた意識化への働きかけ

第4章　「特権」の概念
北米社会と白人特権の考察

出口　真紀子

第5章　特権を意識する
日本の大学における授業実践を通して

渋谷　恵

第6章　日本人の特権を可視化するための尺度の開発

出口　真紀子・渋谷　恵

第3部　ミクロ的考察
「特権」の観点から見たマジョリティとマイノリティ

第7章　大学における言語文化的多様性
日本育ちの外国につながる大学生

宮崎　幸江

第8章　多文化共生社会への想像力
横浜市鶴見区の事例から

田村　梨花

第9章　言語文化的多数派と少数派の学生の
「日本人特権」に対する意識

宮崎　幸江・田村　梨花

第4部　マクロとミクロ
社会的に醸成される差別

第10章　レイシズムに対抗する多数派の立ち位置と責務

久保田　竜子

おわりに

はじめに
多様化社会に向けての現状と課題

坂本　光代

　平成30年12月に出入国管理法の改正が成立し、「特定技能」という新しい在留資格による外国人労働者の受け入れが平成31年4月より施行された。これによって（日本政府は頑なに「移民制度」という表現を回避しているものの）、多数の人が外国より定住目的で来日し始めている。この現状を受け、日本社会の多文化共生が喫緊の課題として挙げられるが、日本人が果たしてどこまで多文化共生を理解し、多様化に取り組む準備ができているか、となると首を傾げざるを得ない。日本語を話さず、日本文化に精通していない人々と共存する、ということは今まで遭遇したことがない、数多くの陥穽を生じさせる。しかし、それを乗り越えてこそ、日本の国際化が実現し、国際社会の一員として先駆的な役割を担えるのではないだろうか。本著では学際的かつ実務的観点から、多文化共生を実現させるために必要な「日本人の意識改革」に向けて考察する。

　現状では、ほんの一部の人間だけが多文化共生の実現に向けて孤軍奮闘している。しかし、その人たちだけの努力では日本社会の多文化共生への道のりは遠いと言えよう。日本人一人ひとりが自分の特権を意識し、特権の濫用の回避、そして異文化と共振し、マイノリティへの配慮を深化していけるような日本社会の構築を願う。

1. 新自由主義に傾倒する社会への警鐘

　「人間の幸せの実現は自己責任である」そう考える人が多いのではないだろうか。良い教育を受け、良い会社に就職し、家庭を持ち、家を建て、安定した老後を送るという人生設計を理想として思い描く人は少なくないかと思う。人はどのような人生を歩もうともそれは個人の自由であるとし、社会的・政治的に制約されない自己決定権を持つとする思想を自由主義と呼ぶ。

自由主義では、人間は自由で平等であるとし、この考えの復権を主張する近代思想を新自由主義と言う。

　人は平等である、という思想は一見素晴らしいと思う人も多いだろう。実際、人種に基づく差別などは社会から排斥されるべきだ。しかし、自由主義の、個人に何もかも責任を見出すという側面も忘れてはならない。貧乏である、病弱である、学歴がないなど、自由主義的観点から検証すれば、それらは全て自己責任となる。勉強しなかったから学歴がない、学歴がないから良い企業に就職できなかった、良い企業に就職できなかったから収入が少ない、収入が少ないから貧乏である、または健康に投資できず結果病弱である…。負の連鎖である。

　自由主義は社会的要因を考慮せず、全てを個人責任とする傾向がある。例えば、学校教育は中立的であると我々は思いがちだが、それは違う。学校で教えられている内容や教え方は偏っていると言ってよい。アメリカではアフリカ系アメリカ人の子どもの教育がしばしば問題視される。アフリカ系の子どもたちの学校での業績が芳しくないのは、もちろん人種に基づく生物的な理由ではなく、社会の構図が彼らにとって不利に働いている結果だ。学校で評価される知識や言動は、白人社会に基づくものであり、彼らが常用している黒人英語（エボニクス）とは違う。言語的に分析しても、エボニクスが必ずしも劣った言語という検証はない。ただ、「標準英語」とされていないだけだ。何が標準かは社会の権力者（マジョリティ）が決めたことで、勝手にマジョリティが自分たちの言語を標準としているに過ぎない。

　皮肉なことに、アメリカやイギリスなど英語圏の子どもたちは外国語を履修したがらない、という報告がある。国際語として英語が浸透している中、時間と労力をかけて外国語を習得しようと思わないからである。周りの人たちが自分たちの言語に合わせてくれるのならば、そんな楽なことはない。

　自由主義がもたらす不条理になぜ人々は反発しないのか。なぜこのような考えが蔓延してしまうのか。それは、抑圧されている人々もマジョリティの考えを肯定してしまっているからだ。これをヘゲモニー（覇権）と言う。「自分の英語の発音はアクセントがあって、かっこ悪い。ネイティブみたいにな

りたい」など、自分とマジョリティを比べて自分を卑下したり責めたりしたことはないだろうか？　言語とは本来他者と意思の疎通を図るものだ。母語話者を基準とし、彼らと同じように話さなければいけない道理はない。アクセントがあろうがなかろうが、意思を伝え、また相手の考えを理解することができることが大切なのではないだろうか。

　よって、今までの図書は、日本人に対して英語イデオロギーから生じるヘゲモニーを払拭しよう、という啓蒙的なものが主流であった。しかし本著では、日本人は被抑圧者だけでなく、日本において抑圧者になり得る、という警鐘も鳴らしたい。

　近年、外国人コンビニ店員数が急に増えた。コンビニのバイトといえば低賃金・低収入という評価が一般的である。よって、コンビニのアルバイトを希望する人が減少してしまった。結果、人手不足となり、外国人労働者に頼っているのが現状だ。日本人がやりたがらない仕事を外国人労働者に引き受けさせるという主旨が、出入国管理法改正から垣間見える。日本人が楽をするために外国から人を引き寄せる、日本語ができない・日本で教育を受けていない、というだけで彼らを社会の底辺に位置付け、仕事をさせるという構図をなんとも思わない日本人も多いであろう。しかし、彼らは使い捨て可能な消耗品ではない。家族を帯同し来日、もしくは日本で子どもが生まれ、家庭を持つ人もいるだろう。彼らは日本社会の一員であり、彼らの不幸は日本社会全体を不幸にし得る。日本で様々な文化背景の人たちが共存し、共生するということは、日本社会に溶け込むことを彼らだけの責任として一方的に押し付けず、日本人も意識改革し、多文化共生に向けた配慮や認識を高める必要がある。外国から来日する人たちの多くは日本語や日本文化に精通していないであろう。それはむしろ当たり前のことだ。それなのにいきなり日本社会に溶け込め、と要望するのは無理な話である。日本人にとって日本語は母語であり、幼少の頃から慣れ親しんできた自分たちの言葉だ。しかし客観的に見て、日本語は必ずしも簡単な言語ではない。平仮名・片仮名だけでなく、日本語母語話者にとっても難解な漢字や敬語など、習得まで時間も労力も（そしておそらく経済的コストも）要する。日本語ができないから・日本で教育

を受けていないから相手を見下す、というのは見当違いだ。

　日本語ができるということは、日本で暮らす上で確かに大きなプラスだ。それだけである程度日本社会に優遇されると言えよう。「日本語に精通した日本人」というマジョリティとして、それに付帯する権力も認識し、濫用せぬよう配慮することはもちろん必要だ。外国にルーツを持つ人に日本人の基準を一方的に押し付け、杓子定規な考えで彼らを判断するのはフェアではないのは言うまでもない。

　昨今「グローバリズム」「国際化」「多様性」「ダイバーシティ」という概念が日本でももてはやされてきた。それら概念は今まで肯定的に語られ、日本にとって望ましい状態として描かれてきた。しかし、日本語を母語とせず、日本文化に精通していない人たちとの共存は、もちろん望ましく素晴らしいものではあるが、実現するには日本人・外国人双方の歩み寄りが不可欠というのは当たり前であり、日本人側の意識改革なくして実現しえない。日本人が今までのまま、外国にルーツを持つ人たちに「郷に入っては郷に従え」と、一方的に日本の言葉・文化・思想・価値などを押し付けることが「日本の国際化」ではない。「日本語ができない」「日本文化を知らない」「教養がない」「常識がない」と日本人の価値観を基準に判断し、拙速に相手を責めることは、マジョリティ側の傲慢であり、無知である。

2. 多言語・複言語・継承語

　2018年2月の国際母語デーに、ザルツブルググローバルセミナーという機関より「多言語世界のためのザルツブルグ声明」（https://education.salzburgglobal.org/fileadmin/user_upload/Documents/2010-2019/2017/Session_586/JA_SalzburgGlobal_Statement_586_-_Multilingual_World_Japanese.pdf）という声明を、世界中から集まった40名の専門家らと共同作成し、発表した。声明では、多言語社会・複言語社会の推進を唱えている。多言語主義というのは、社会で複数の言語が共存している状態、複言語とは個人の持つ複数の言語を指すとされているが、複言語は近年に浮上した概念であり、長い間「多言語主義」が一般的に広く使われてきた。それもあり、

筆者は「多言語」を「母語話者が話す言語の集合」という意味として捉えている。それに対して複言語は必ずしもネイティブ・スピーカーの言語ではなく、外国語としての言語もしくは第二言語としての言語の集合と考えられる。ネイティブ・スピーカーを基準にする考えから、「外国語としての言語」という考えにシフトしたのが複言語主義である。声明の中に、

・多言語主義並びに複言語主義に対して前向きな姿勢を持った、結束力が強く、活力のある社会を支援する言語政策・実践・テクノロジーを開発すること。
・公文書並びに公報における言語権・多様性及び市民権を積極的に支援すること。
・言語とリテラシーに関連するいかなる差別・偏見・不平等に立ち向かうこと。
・マイノリティ・移民・難民は、我々の現在そして未来の社会に重要である高い言語資源を持ち備えていると認識すること。

とある。マイノリティ言語の習得・保持を推奨し、社会全体で守っていく姿勢が謳われている。これ自体に対してもちろん異論はないが、マジョリティの意識改革という意味ではもっと深く掘り下げる必要があると感じている。専門家の一人にバイリンガル研究の第一人者で、言語権（linguistic human rights）という概念で有名なトーヴェ・スクトナブ＝カンガスがいた。そこで私と彼女が共通に思ったのが「我々こそが問題だ」という考えだ。差別や偏見、不平等が良くない、という認識はすでに多くの人々が持っている概念かと思う。それなのに「差別に立ち向かおう」というメッセージは、それ自体が希薄なものになってしまう。なぜ差別はなくならないのか。なぜ不公平が社会に根強くはびこるのか。それを取り上げるには、マジョリティの特権の仕組みを解明する必要があると考えた。

　筆者はバイリンガリズム・継承語教育の専門家として活動してきたが、言語的・認知的・社会的に二言語習得は好ましいとされているにもかかわら

ず、なぜバイリンガリズムがなかなか広まらないのかを疑問に思ってきた。そして研究を続けるうちに、言語と権力の密接な関係が見えてきた。

　言語学的に見て、「高尚な言語」「低俗な言語」というものは存在しない。著名な言語学者ノーム・チョムスキーは、構造的にどの言語も共通する普遍的な文法で説明できるとしている（よってこの概念を「普遍文法」Universal Grammarと言う）。日本語であろうが英語であろうが、どの言語も共通する、普遍的な原理に基づく文法で成されているのだ。どの言語も構造的には優劣がないとすれば、言語はもっと平等に扱われても良いはずだ。しかし、現代社会において英語は国際語として圧倒的な権力を保持している。

　そこで母語の他に英語も習得しよう、という多言語主義的な動きがある（Crystal, 1997）。母語を保持しつつ英語も習得することによって、他国の人々との交流を可能にし、意思の疎通を図り、リソースの共有・創造、個人そして国家の繁栄に結びつけようという考えだ。日本でも実際このような考え方が一般的であろう。

　日本においては日本語が圧倒的に優勢だが、数多くの英会話ビジネスに代表されるように、日本社会では英語の需要も大きい。結果、日本では日本語そして英語ができる人が優遇されるようになっている。日英バイリンガルの中でもいわゆる「ネイティブ・スピーカー」のような言葉を話す人たちが好ましいとされ、アクセントがある人は「劣っている」とみなされる傾向にある。これは複言語主義に反するものだ。それでも日本語そして英語が堪能な人々は、日本社会ではエリートである反面、他言語話者は、日本語・英語推奨社会では淘汰されがちである。せっかくのリソースであるにもかかわらずである。

　残念なことに、日本では外国にルーツを持つ人たちに日本語習得を推奨する動きはあるものの、母語習得・保持に関しては等閑視されたままだ。継承語教育まで目が向いていないせいで、結果外国にルーツを持つ人たちの母語が喪失されてしまっても不思議ではない。本人たちのみならず日本社会にとってもこれは大きな損失だ。しかし、日本政府・日本社会が、言語価値に無頓着なために招かれる結果である。

マジョリティである日本人にも目を向けてみよう。例えば、日英両語堪能な人たちの中に「帰国子女」と呼ばれる人々がいる。海外で英語力を付け、帰国した人たちは、日本社会では有利な立場にいることも少なくない。よって、帰国子女は自信に満ちた人たちだと思いがちではないだろうか。しかし、実際帰国子女と言っても様々な帰国子女がいる。幼少期に海外にいた人たち、逆に大きくなってから渡航した人たち、英語圏でない国に居住していた人たち、英語圏に居住でも現地校ではなく全日制のいわゆる日本人学校に通っていた人たち、長期にわたって海外居住だった人もいれば1、2年で帰国した人たちも「帰国子女」だ。その人たちの英語力や日本語力は多岐にわたる。実際はこれほど多様な人たちを「帰国子女」という一つのカテゴリーだけで表すのは無謀ではないだろうか。

帰国子女が多く通う大学に勤務しているが、実際様々な帰国子女と接していて、彼ら・彼女らがいかに様々な長所・短所を持ち備えているかがわかる。また、皆自信に満ち溢れているか、というとそのような部分も確かに多少はあるかもしれないが、自信を喪失している人も多い。帰国子女のアイデンティティやニーズは多種多様で複雑であり、一括りにして語れるものではない。この社会の多様性を日本人はどれだけ認識しているのだろうか。

3. 多文化共生を目指して

今後、定住目的で日本に来る外国の人たちの増加が見込まれる中、日本人はその人たちを受け入れ、共存するための準備ができているのだろうか。日本社会は現状を維持し、外国にルーツを持つ人たちが日本社会に貢献し、日本人を支える役割を期待する一方、逆に問題を起こした場合は責任を本人たちに擦りつけ、切り捨てる、というメンタリティだとしたら日本社会は今後衰退の末路を辿るだろうと悲観してしまう。

新しい言葉・文化だけでなく、違う価値観・経験を持った人たちが来日するのだ。現状維持で良いはずがない。かと言ってマイノリティとなる人たちも日本社会を理解し、共存する姿勢があることが望まれる。

双方の歩み寄りを実現するにあたって、まずは日本社会の中で、マジョリ

ティ（日本人）がいかに恵まれているか・権力を保持しているか、すなわち日本で生きていく上での特権を理解し意識しているのだろうかを考察・認識する必要がある。無意識でも特権を濫用し、特権がない人々を排斥・卑下し、社会の不平等さを結果構築する一員であれば、真なる多文化共生社会は期待できない。特権のない人たちに自分たちの常識・価値観を一方的に押し付け、日本のやり方を正当化することは、その他の価値観・知識を否定することにつながりかねない。これは日本人にとっても外国にルーツのある人たちにとっても大きな損失である。

　日本人の特権の意識化を促進し、多様化社会における問題提起をするのが本著の狙いだ。第1部では、マクロ的視野から多様化社会を検証する。第1章（坂本）では、日本における外国語教育そして日本語教育の実態について言及する。第2章（杉村）では、アジア諸国、特に日本と比べ多様な社会文化的背景を持つマレーシアの事例を基に多文化教育の課題などについて言及する。第3章（坂本・杉村）では、言語教育・国際教育政策の観点から望ましい多文化教育の在り方を考察する。第2部は日本人の特権の意識を可視化するために開発された日本人特権尺度JPS（Japanese Privilege Scale）について紹介する。第4章（出口）では、開発の経緯、第5章（渋谷）では、実例として日本の大学生の特権の意識について講じる。第6章（出口・渋谷）では、特権尺度JPS開発の意図と経緯、可能性を検討するとともに、今後の課題を考察する。第3部第7章（宮崎）では、外国にルーツのある大学生の実態とそれから見えてくる日本の外国人教育への示唆、第8章（田村）では外国にルーツを持つ人を支援するNPO法人の活動について紹介する。第9章（宮崎・田村）では日本人の学生と、外国につながりのある学生の日本人特権に対する意識の違いについて言及する。第4部第10章（久保田）では、レイシズム（人種差別）を取り上げ、多数派が差別問題を認識するためにはどのような概念や立ち位置の理解が必要なのか、何がレイシズム撲滅の障害になっているのか、特になぜ多数派はレイシズムを問題視することができないのか、そして、レイシズムに対抗するにはどうしたら良いのかについてミクロ・マクロ双方の視点から包括的に考察する。

　日本社会の望ましい多文化化には、マジョリティ・マイノリティ両者の歩み寄りが不可欠である。本著のほんの小さな一石が、より良い社会の実現に少しでも貢献できたら幸甚に思う。

参考文献

Crystal, D. (1997). *English as a global language.* Cambridge, UK: Cambridge University Press.

Part 1

第1部

マクロ的考察
言語教育と教育政策

Part 2

Part 3

Part 4

第1章　外国語教育へのアプローチ
排他的対包摂的言語政策の相克

坂本　光代

1. はじめに

　令和2年〜3年は我々の価値観が大きく問われ、覆される未曾有の年となった。新型コロナウイルスの影響で人々の往来が激減し、代わりにオンラインによる交流に変化した。対立し合ってきた国々も、ワクチン競争に躍起になると同時に、データを共有し、お互いの政策効果を参考にしながらコロナ禍の中、暗中模索する必要に迫られた。こうして我々は否応なしに国際競争及び国際協力という諸刃の剣に晒され、言語力とりわけ他者とのコミュニケーション能力が前にも増して一層重要となった。そんな中、本国の外国語教育の現状、そして望まれる在り方について考察したい。

　長年日本における外国語教育の在り方を模索してきた中、様々なアプローチが拮抗している現状を観察してきた。英語・日本語教育並びに国際教育に関する社会的レトリックの違いに着目し、可視化させることでマジョリティの意識変革を期待する。本章では、日本における外国語教育の淵源・変遷を俯瞰し、マジョリティに求められる視点の変化について言及する。

2. 日本における英語教育の現状

　日本において外国語教育はもっぱら英語教育と化している。文部科学省（以下、「文科省」という）は、外国語教育の提供を義務化し、原則英語としているが（文科省, 2017）、他言語も認められている。しかし、実際には大半の学校では英語を教えている。それは、日本社会の中で、国際化＝英語化とする

イデオロギーが蔓延し、国際競争に勝つには英語は必須とする概念が確立してしまっているからである。実際、大学でも英語を介して授業をすることが奨励され、英文国際ジャーナルで論文を発表することが求められる。会社内での英語使用を義務付ける日本企業もある。いわば日本の英語教育とは、エリート育成を念頭に置いたものである。国際競争に勝ち、国益を上げるには、国際共通語（リンガフランカ）である英語を学ぶ必要性を日本社会も受け入れ、英語をツールとする英語教育が確立された。その結果、英語母語話者を模範とする英語教育が長年導入され、それが日本人の英語コンプレックスにつながり、日本人の英語力は低いとする図式ができてしまった。そのような危機を脱するため、文科省は「英語が使える日本人」の育成のための戦略構想（文科省, 2002）を策定し、大幅な英語教育改革が進められつつある。そのうちの一つが近年までのネイティブ・モデル（文法・翻訳主流・排他的アプローチ）の逓減、そして代わりに複言語主義（コミュニケーション主流・包含的アプローチ）の逓増がある。物議を醸した早期英語教育も2009年より5、6年生の外国語活動として施行され、令和2年より3・4年生は外国語活動、5・6年生では正式に教科化された。これに伴い、中学・高校の英語教育、そして大学入試も多大な影響を受けることは必至であろう。文法重視からコミュニケーション重視へと、日本の英語教育は変革を遂げているのだ。

2.1　日本における英語教育改革

　コミュニケーションを重要視した複言語主義を推奨するにあたって、日本の英語教育の現場では内容言語統合学習（CLIL）が推奨されている。その名称のとおり、英語の授業で英文法や翻訳などを教えるわけではなく、英語を介して何かを学ぶ、という方向に大きく舵が切られた。意味重視で、文法ではなく課題（タスク）を完成させることに注力し、その過程で必要な語彙や文法が身につくことが期待される。北米、特にカナダで行われてきたイマージョン教育（完全にその言語に浸る（immerse）教育）とは重なる要素もあるが、英語を第二言語（現地語）として学ぶのではなく、外国語として学ぶ学生のために、語学教育にウェイトを置いたものがCLILで

ある。CLILにはハードCLILとソフトCLILの二種類があり、ハードCLILはイマージョン教育に準ずるアプローチ、ソフトCLILはもっと語学面に配慮した教授法となる。

　CLILは元来ヨーロッパで開発された教授法であり、欧州連合が加盟国に課す、母語に加えて二外国語の習得を求める政策の実現に向けられたものである。ネイティブ・レベルではなく、「自分たち独自の外国語」を言語レパートリーとして培うという主旨だ。こうして他者との交流を活性化し、ヨーロッパの統合と、国際社会に大きく貢献する人材を育てる。この理念に日本の英語教育関係者の多くが共感し、今日に至る。ネイティブ言語を想定した多言語主義ではなく、外国人の外国語を肯定的に捉えることで、今までよりもより包含的に外国語を習得することができるという考えだ。CLILは現在欧州とアジアで注目され、積極的に導入されているが、北米ではまだ浸透していない。というのも、北米では現地語（英語）教育に焦点が置かれるのに対し、CLILで学習されるのは外国語という相違点が大きい。ただし、複言語主義自体は北米やオセアニアでも受け入れられている。こうすることでネイティブ・モデルの呪縛から解き放たれ、かつ国際語としての英語を操る人材が育つと期待するものであろう。

　現在は特に小学校における早期英語教育で、CLILの導入が目覚ましい。意味重視・タスク重視にすることで、コミュニケーション・ツールとしての英語の上達を見込んでいる。日本ではソフトCLIL偏重であるが、英語主流の授業展開を実現させている（Ikeda, 2019; Fegan & Sakamoto, 2020）。科目内容も英語もどちらも同時に習得できるこの一見万能で効果的な指導法が、多くの教育者を魅了させているのは不思議ではない。しかし、実際にこのCLILでの教授が効果を生むかどうかは、実践者の手腕によるところが大きい。全面的な実施に向けては、教材開発や指導者の育成などの問題も山積している。

2.2　新リベラリズムと英語教育

　教科内容と言語を同時に学び、また、学ぶ言語も母語話者レベルのものではなく、日本人特有の英語を誇らしく思う、というのは理想的であるかもし

れない。国際競争に参加するだけの英語力であれば、多少のアクセントや不自然な表現などは看過されるべきであろう。何せ、英語は日本人にとっては「ツール」なのである。実際、重要なのは発信される内容であって、流暢さなどは二の次のはずだ。国際化が加速する中、自由市場における競争に勝つことはもはや国益的に必須である。その糸口として見られているのが、英語化だ。

　自由主義とは、平たく言えば資本主義に基づき、全ての個人や企業を自由であるとみなし、権利や競争の自由を約束するものだ。とすると、全員・全企業が競争する権利があり、利益を得るとすればそれはその個人・企業の功績によるものとする。逆を返せば、競争に負け、損害を被ればそれも同様に個人・企業の責任となる。現代における、テクノロジーや人の移動によってもたらされる新しい形の資本主義に基づいた自由主義を新自由主義（新リベラリズム）と呼ぶ (Holborow, 2012)。

　新リベラリズムの、資本主義に基づく概念は、経済的概念としてだけではなく、我々の世界観に普遍的なものとして根ざしてしまっている (Harvey, 2005, p. 5)。市場競争に勝ち、経済的強者になるのを人生の目標とするならば、需要と供給の方式に沿って、「社会に求められていていると同時に希少価値があるもの」に価値を見出すことができる。とすると日本社会において真っ先に思い浮かぶものの一つが語学力であろう。そのようなスキル・知識・経験を持ち備えている人材を人材資本（human capital）(Becker, 1962; Klein, 2007) と呼ぶ。Bourdieu (1986) は、資本には社会資本、文化資本、経済資本等があると指摘し、日本社会では英語力は望まれる言語資本であろう。

　ここまで読んで資本主義や人材資本が重視されることについて何の疑問も持たない読者がいてもおかしくない。むしろこれまで書いてきたことは日本社会では当たり前なことであり、「常識」と化してしまっている。日本社会では英語ができれば希望する学校に進学し、希望する企業に就職し、出世することで安泰な人生が送れる可能性が高くなる、と考えるのは自然なことである。しかし、人を「資本」とみなした時点で、人は人ではなく、経済を回す一つのコマとなってしまう。個人主義としながらも、実は個人に即した概

念ではなく、新リベラリズムはあくまでもマクロ経済を優先させた仕組みである。その仕組みに我々がどっぷりと飲み込まれ、それを疑問視することなく選択・行動しているとすれば、それは実は怖いことではないだろうか。経済的仕組みを優先させ、それに沿って行動することは、人間性を見失い、全ての判断を経済的理由に基づいて行っていくことを意味する。

　それでも英語力を身につけるのは、我々の幸せにとって良いことではないのか、と思う人が実のところ大半だろう。国際共通語を身につけ、他国の人々と意思の疎通ができること、国際社会に貢献できることは非常に望ましいことであると思いたい。しかし、Flores（2013）は、新リベラリズムは、低賃金で雇用し、安易に解雇できる労働者を必要とし、また、生涯学習という名目のもと、マジョリティによって策定された様々なサービスをマイノリティに消費させることによって利益を搾取していると指摘する。英語をマスターすることイコール意思の疎通という常識についても次節で改めて考察してみたい。

2.3　英語帝国主義とヘゲモニー

　英語そして英語圏の文化を規範とし、それを他国に強制し、多大な影響を及ぼすことを英語帝国主義と言う（Phillipson, 1992）。日本の場合は、自主的に率先して英語を学び、様々な分野で使用しているので強制とは呼べないと異論を唱える人もいよう。しかし、権力を握る一部の集団（英語母語話者）の価値観に迎合し、己の価値観とすることで、結果抑圧されることになりつつも権力者の権利の掌握に貢献してしまうことを覇権（ヘゲモニー）と言う。日本はまさしく英語帝国主義に陥っており、ヘゲモニー・ディスコースを構築してしまっている。その証拠に、英語以外の言語は教育現場でほとんど教えられておらず、一般社会においても英語以外の外国語の学習は、特殊な場合を除いてそれほど推奨されていない。それは、日本社会にとって英語が国際化へのチケットであるという思い込み・幻想があるからだ。実際、高校や大学入試も英語はまず受験科目に入っている。CLILの普及に伴い英語で授業を、という教育現場も増えた。企業でも英語使用を求める大手企業が増え

ている。いっそのこと英語を日本の第二言語としよう、という意見さえ見られる。しかし、ヘゲモニーという概念からこれらの事象を改めて考察すると、その落とし穴が見えてくるのではないだろうか。

　まず、複言語主義としながらも、日本人の英語はいまだネイティブ・スピーカー基準で測られることが多い（Kubota, 2016）。日本が複言語主義実現のために参照する欧州のCEFRですら、その基準はネイティブ・スピーカーを基準に設けられたものである（Kubota, 2016）。実際、日本ではまだネイティブ・スピーカー神話（Davies, 2003）が根強い。どんなに英語ができようとも、自分の学生たちは「ネイティブみたいになりたい」と口を揃える（Sakamoto, 2017）。「世界英語（World Englishes）」（Kachru, 1985）と総じて呼ばれる、多種多様な英語（日本人の英語も含む）の存在を説明し、どれかが劣り、どれかが優っているというわけではない、といくら説明しても、彼女らはネイティブの英語に対する拘りを拭えない。また、英語母語話者は完璧な英語を話すと疑わない。ネイティブ・スピーカーの語彙力・発音・文法全てにおいてパーフェクトだと、幻想を築き上げてしまっているのだ（Sakamoto & Furukawa, in press, 2021）。しかし、「じゃあ、貴方は日本語母語話者だから、日本語はパーフェクトなのね？　広辞苑に乗っている漢字全て知っているの？」と意地悪な質問をするとハッと我にかえる。英語母語話者だからといって、必ずしも英語が完璧なわけではない。いや、むしろ日本人英語学習者の、ネイティブ以上のライティング・リーディング力に驚かされることは珍しくない。日本の英語教育は長年叩かれ続けてきたが、日本の英語教育は決して無駄ではなかったと改めて言及したい。文法・翻訳偏重ではあったことは否めない。しかし、文法・翻訳も英語教育において重要な側面である。

　CLILに見られるコミュニケーション重視の英語教育にシフトすることで、いくつかの弊害が懸念される。一つが、従来日本語で学んできた教科を英語で学ぶということは、英語を通しての世界観を植え付けていくということだ。言語とは文化から必要に応じて派生したものである。よって、文化が違えば概念は似ていても、自動的に同様のものとみなすのは危ない。英語と日本語は同対ではないので、意味が違うどころか対立し合う概念もあろう。例え

ば日本語の「フェミニスト」という語彙と英語の「feminist」では意味合いがかなり違う。英語で物事を覚え、判断するというのはその世界観に準じて考えるということであり、その言葉を母語とする人たちの考え・慣習（ブルデューのいうハビトゥス）を優先することとなる(Sakamoto, 2021)。木村(2016)は、英語偏重となる世界観に警鐘を鳴らしている。このように考えると、英語はもはやただのコミュニケーション・ツールではない。言語そのものが「世界観」を表しており、我々の思考をも形づける媒体なのだ(Vygotsky, 1981)。

皮肉にも、欧州において外国語教育が最も遅れている国はイギリスだという。アメリカも同様に高校における外国語の履修状況は芳しくない。これは、彼らにとって母語さえできれば、世界がそれに合わせてくれるからだ。英語さえできればよい、とする価値観が蔓延している証拠である。これに危機感を持ったブリティッシュ・カウンシルは、現在英国内のイギリス人向け外国語教育に注力し始めている。

今では笑い話と化している話がある。当時、英語学科の2年生の必修の英語の授業は、私ともう一人の日本人教員（米国大学院卒）が担当していた。すると、2年に進学直前の1年生からクレームが来たことがある。他の2年生の英語の授業は外国人教員が担当することになっているのに、なぜ自分たちだけ二人とも日本人教員なのか、ということであった。外国人教員は日本で学位を、日本人教員は海外で学位を取得しているケースがある環境で、これは心外であった。海外滞在歴が長く、海外の大学院で学位を取得した者よりも、母語話者に習いたいというのだ。名前や人種イコール言語能力とする日本人の単純な世界観を垣間見た気がした。

このように、英語教育全般が、自由主義の下、英語母語話者にとって有利になるシステムが確立されていると、批判的応用言語研究者らは指摘する(Phillipson, 1992; Pennycook, 2001, 2021)。そのシステムの中には教員だけでなく、TOEFLやIELTSなど英語能力試験を提供する英語能力測定機構や、洋書の出版社なども含まれる。これらが一体となって、外国語としての英語の価値や需要を高め、それを欲する人々に応じるという図式ないしビジネスが出来

上がってしまっている。イギリス出版協会の2010年の報告書によると、イギリスから出荷された図書のうち、英語教育関連は全体の17パーセントを占めており、収益も2005年の1.64億ポンドから、2009年の2.07億ポンドと26パーセント上がっているとされる（Block, Gray & Holborow, 2012, p. 11）。アメリカETS社が開発した英語検定試験TOEICは、日本人英語話者を想定して開発されたのは有名な話である。2019年度には約2,900の日本企業・団体・学校が採用、国内年間受験者数220万人を誇っており、アジアを中心に、世界160カ国、14,000団体の利用がある（国際ビジネスコミュニケーション協会, n.d.）。これに対して同年の日本語検定試験受験者数は、国内外合わせて約117万人であり、TOEICと比べて圧倒的に受験者数が少ないことがわかる（国際交流基金・日本国際教育支援協会, 2012）。

　欧米勢に対抗すべく、日本人のための、日本人による英語能力試験として英検は近年TEAPを開発・提供している。しかし、英検も結局は日本社会における英語熱を高めることに貢献していると言わざるを得ない。英語学習者は顧客と化し、もはや「人」ではなく、利益をもたらす「消費者」なのだ。Ritzer（1996/2004）は、米国の文化や言葉が世界を侵略していく過程で世界観の統一化や、消費者と化してしまった学習者の人間性の喪失などの現象をマクドナルド化（McDonaldization）と呼んでいる。これに準じて英語教育もまた均一化が図られているとBlock（2012）は指摘する。アメリカの言語学者が呈する理論があたかも世界中で通用するような提言となってしまっているというのだ（Kubota & Miller, 2017）。Rampton（1997）も現在の第二外国語教育研究は近代主義に傾倒しすぎであり、普遍性を求めすぎだと批判している。言語習得をコンテクストから切り離し語るのでは、言語学習者の全体像を把握することはできない。

　もう一点の懸念点が、英語力が日本人間の分断を助長しないかという点だ。英語ができるということは、「国際性」「格好良さ」「知性」「教養」などと混乱されがちなため、英語ができるイコール「立派で優秀な人間」という必ずしも正しくない認識を抱く人が多い。「英語力」とみなされるものが格差を生み、それによって人々がふるいにかけられている現状がある。同時に、（こ

こで留意すべき点は）日本社会はやはり英語圏ではない点だ。結局英語ができると優遇される人間がいても、最終的には日本社会に馴染めない人間は孤立しがちである。高い英語力を持ちつつも日本人の価値観を持ち備えた人材こそが、日本が求める「国際人」であろう。よって、それに当てはまらない、高い英語力を持ちつつも海外の文化に適応した帰国子女は、日本で居場所を見つけるのに苦労している。ネイティブの英語に幻想を抱く一方、その言語の背景にある価値観への同化は求められないのだとすれば、現況の英語で教科を教える、という試みを再度問い、欧州社会に基づいたアプローチではなく、日本社会に即した独自の指導法を模索する必要がある（Sakamoto, 2021）。

3. 日本における日本語教育

　出入国管理法改正・日本語教育推進法が共に令和元年に施行され、日本語教育の重要性が認められつつある。しかし、これは日本人に対する英語教育とは一変し、外国にルーツを持つ人々への外国語教育は、日本適応推進主義に基づくものである。これは、本人のためだけでなく、日本社会において労働者の育成を目的としたものであって、エリート育成ではない。日本に順応してもらうのが主旨なため、本人たちの母語習得・保持などには充分目が向けられていないのが現状である。日本に住むのなら日本語だけでよい、という主張は、日本人に英語能力を求める姿勢と真逆である。この姿勢こそが、日本人の無意識の特権意識が表出している政策と言えよう。

　実際、第二言語としての日本語教育法（Japanese as a Second Language, JSL）は、近年にやっと開発された。それまでは個々の教員や自治体が独自で教材を開発し、暗中模索でやってきた。JSLの教員育成も実施されず、日本語教師は暗闇の中、独自の道を切り拓いてきたと言えよう。それでも日本語教育推進法が策定されたことにより、昨今日本語教育現場も著しい変化を遂げてきた。日本語教員育成プログラムや教員資格試験の導入などにより、日本語教育全般がかなり整備されつつある。

3.1　「やさしい日本語」の先へ

　しかし、外国にルーツを持つ子どもたちへの指導は、日本社会に馴染むことが最優先事項であることは否めない。そんな流れの中、子どもたちがわかる言葉で接そう、と「やさしい日本語」という概念が広まりつつある。平易な表現や語彙、ルビを多用することで、意味の疎通を図るのが狙いだ。

　「やさしい日本語」の使用には賛否両論ある。暫定的な使用であり、その後も日本語能力を伸ばすのであればその使用は否定しない。しかし、日本社会の一員として機能できるだけの最低限の日本語力として捉えるのであれば受け入れ難い。「やさしい日本語」止まりの外国にルーツを持つ人々は、結果低賃金で過酷な労働を強いられる職種にしか就けず、日本人に人材資本を搾取されるだけに留まる可能性が高まるからである。また、やさしい日本語を先方が学んでくれるお陰で、日本人は彼らの母語を習得することから解放されることも意味しうる。これはまさしく前節で取り上げた、英語を母語とする国々の現状と似ている。郷に入れば郷に従え、とはよく使われる表現ではあるが、それはマジョリティがマイノリティに、一方的に自分たちの文化に迎合するよう強制することを意味する。真の相互理解・相互尊重は片方だけの意識変革に依存すべきものではない。新リベラル社会と化している中、人を人と認識せず、経済成長のためのコマとすれば、このような現象が起きてもおかしくないだろう。「日本人ほど日本語ができないから」「日本の資格を取っていないから」と、一方的に悪条件な仕事を押し付けることを正当化し、また、彼らも大人しくその理由を受け入れてしまうことが、まさしくヘゲモニーである。酷いケースでは、日本人の日本語と全く遜色がなく、日本文化に精通している資格保持者でも、同様の差別的扱いを受ける案件が後を絶たない。結局人間は自己中心的・利己的・排他的で、他者と共存し繁栄する、という選択肢に目を向けることがないのだろうか。実際、Cummins (2001, 2021) は、社会の在り方には、高圧的力関係に基づくものと、協働的力関係の二択があると言う。現在多くの社会は高圧的力関係で成り立ち、限られたリソースを大勢の人たちがそれぞれ独占しようと競争する社会となってしまっている。それに対し、協働的力関係はリソースを無限とし、適材適所で人々の長所を生かした社会

にすることで、繁栄的な社会の構築が可能だとしている。多文化共生で目指すべきは、紛れもなく協働的力関係に基づく社会である。他者を抑圧し、それにあぐらをかくような社会は、我々が目指すべき多文化共生社会ではない。

　前節で、英語では表現し得ない日本語が醸す世界観があるため、日本語で表現すべき概念を英語で代替させてしまうことに対する危惧感について言及した。同様のことがまた外国にルーツを持つ人々についても言える。彼らが培ってきた母語・母文化は、彼らにとってアイデンティティや自尊心に関わる必要不可欠なものだ。それをなくしてしまうと、自分たちのことを日本語を介してしか語り、理解できないようになる。しかし、外国にルーツのある人々を、日本社会は排他的に捉え、それが言語を介したイデオロギーにも浸透している。「我々」「国民」「日本人」等の表現に、外国にルーツがある人たちが含まれないことは多い。どんなに日本に長期に居住し、日本語が堪能であってもだ。日本人のハビトゥス（Bourdieu, 1986）に即した日本語が、無意識のうちに差別につながる現象は多々ある。例えば、日本社会には他にも看過されてきた差別的な社会構造がまだまだある。近年になってやっと問題視されてきたものの中に、外国籍の子どもの就学義務の欠如というものがある。日本人子女が義務教育を受けないのは違憲となるが、それが外国籍の子どもには適用されない。希望すれば日本の教育を受けられるということにはなっているが、強制ではない。これは裏を返せば、外国籍の子どもたちへの期待と責任の欠落と解釈することができる。

　Said（1978）は、名著『オリエンタリズム』で、東洋が欧米人の視点から研究され、語られることに警鐘を鳴らした。東洋の本質的な実態は、東洋の人々のみぞ知る。他言語・多文化を介して語られる東洋は、もはや「真の東洋」ではないのだ。英語を介して語られるそれは、自動的に東洋を「他国」と位置づけ、そこに暮らす人々を「他者」とし、西洋とは異質な、外在的なものとして語られてしまう。サイードは東洋を西洋が勝手に再構成し、結果威圧する支配関係に批判の一石を投じた。同様に、外国にルーツを持つ子どもたちが、日本語・日本文化でのみ自分のルーツを考察するとなればどうだ

ろう？　自動的に自分の存在は外在的なものとなってしまう。自分のルーツを失うということは、自分の言葉で自分のことを理解できなくなってしまうことを意味する。

　年々変化する日本の多様性について考察すべく、「内なる国際化」として研究チームを立ち上げている大学もある（明治学院大学教養教育センター・社会学部編, 2016）。従来日本社会は、外国にルーツがある人々に日本語・日本文化を押し付けてきた経緯があるが、それを疑問視し、様々な授業を通して学生たちに意識化（Freire, 1970; フレイレ, 2018）を促し、日本社会を改めて創造するという課題に取り組んでいる。学生の多くは外国にルーツを持つ人々との交流がほとんどなく、よって彼らのことを知る機会にも乏しい。無知から生まれる差別や暴力によるニュースが後を絶たない現状で、それらを一掃し、相互理解・協働を求める動きが広がりつつあることに一筋の光を見出すことができる（Sakamoto & Takakuwa, in press）。ただ、このような崇高な試みでも、しばし出る「寛容さ」という表現に戸惑いを感じたことがあった。「寛容」というのは、まず自己の規範があり、それに逸脱している人を「許容」する、という、いわば「上から目線」の気遣いだと感じる。求められるのは、「寛容さ」ではなく「尊重」と「理解」だと強調したい。

　ここで浮かび上がってくるのが、英語話者に抑圧される日本人でありながら、日本語に関しては抑圧側に役割が転換するところだ。この気付きを促すのが、まさに本著で取り上げているテーマである。

4.「特権」に気付く難しさ

　Foucault（1980）によると、権力（パワー）はディスコースを介してその場で当事者たちによって構築・行使される。とすればディスコースに着目し、どのような社会レトリックが蔓延しているのかを模索するのは、重要な課題である。例えば、日本における「英語＝国際化」というレトリックを疑問に思う人は少ない。しかし、よく考えてみると英語帝国主義の影響を多大に受けていることは間違いない。それは誰を利しているのであろうか？

　Hall（1996）は、イデオロギーは世界観を表すだけのものではなく、それを使って社会活動を規制するものだと述べている。日本社会のイデオロギーは、英語帝国主義に多大な影響を受け、潜在的に日本人にとっての価値観や常識と化しており、それを疑問視するには批判的思考が必要である。それなくして日本社会に潜む差別や不平等さを覆すのは難しい。我々が「真実」「正当」「公平」と思っていることが、実は「我々特有の真実」であり、他者の真実はまた多様にあるとすれば……。それでも自分の「真実」の正当性を主張するだろうか。

　社会に潜在する権力を認識しつつ、「究極の真実」を科学の力や客観性で追い求めるのを近代主義（モダニズム）と言う。病気になれば医者にかかり薬を処方してもらう、英語力を測定するには英語能力試験を受ける……我々がそれらに依存するのは、「一つの究極な真実」があるとするからである。医学によって、病気を根治できたり、「理想的な英語」という「幻想」に基づいて語学力がテストで正確に測定できると思ったりするのは、まさしく近代的思想である。日本社会の思想は、モダニズムの概念が根付いている。それは、日本社会が定める「究極の真実」があり、それから逸脱するものを排除する働きを持つ。しかし、人々の移動がたやすくなり、インターネットなどの普及により国際化が進む中、近年多様性を認める動きもあることは否めない。これをポストモダニズム（脱近代主義）と呼ぶ。ポストモダンな世界観には究極の真実・解は存在しない。いくつもの多様性がひしめき合っている世界なのである。

　Appadurai（1996）[1]は、近代社会を語る時、人々の移動やマス・メディアなどの影響により、従来の「国」単位で語ることはもはやできない、としている（p. 22）。世界の国々はそれぞれ同種均一ではなく、異種混交であるのだ。この多様化した社会において、新しい秩序が生まれつつあるというならば、それは必然的に衝突や葛藤、反発も含まれる。多種多様な価値観がある中、それらが全て受け入れられるわけではないからだ。しかし、人々がポストモ

1　翻訳版アルジュン・アパデュライ（著）門田健一（訳）（2004）『さまよえる近代：グローバル化の文化研究』も参照。

25

ダンな思考を持ち始めた昨今、社会の変革が起こり始めているとも言える。そんな混沌とした渦の中、人々に主体性（エイジェンシー）をもたらし、引導する力は人々の想像力（imagination）だとAppadurai（1996）は言う。その想像力は何によって構築されるのか。

　人は移動に伴って、新しい地でそれまでの価値観を見直す必要性に迫られる。日本に移住を決めたら、日本社会のイデオロギーに晒され、それまでの世界観が大きく揺れることとなる。同時にマジョリティ側も新しい価値観に触れた時、それを一方的に否定し一掃するのではなく、まずは立ち止まってそれを理解し、マジョリティ・マイノリティ双方の折衝を経て、その社会的コンテクストに即した新しい価値観・イデオロギーが構築されることが望ましい。これを実現させるには、「可能性に満ちた想像」が必要であり、それを可能にするのがメディアを介して敷衍するディスコースである。

　人々の意識操作という意味で、メディアは「同意の生産」媒体として機能してきた（Herman & Chomsky, 2002）。とすれば、メディアの社会的責任は大きい。メディアを含め、Appadurai（1996）は5つの「スケープ」が我々の想像力に作用していると言う：エスノ・スケープ、テクノ・スケープ、ファイナンス・スケープ、メディア・スケープ、そしてイデオ・スケープである。エスノ・スケープは様々な「人」を指す。移住者、留学生、難民、観光客、労働者など、人は何かしらの理由で移動し、結果様々なニーズが発生する。テクノ・スケープは、多種多様なテクノロジーによって、人々の交流が広範囲にわたって活性化される。ファイナンス・スケープは、外貨や株の取り引きなどが、国境を越えてグローバルに行われている現象を指す。メディア・スケープではメディアを通じ、情報を広汎的に提供するだけでなく、イデオロギーを反映させた映像やナラティブを敷衍させることで、ある種のイメージを作り、独特のイデオロギーの構築に寄与している。イデオ・スケープもイメージの結集であるが、政治的なイメージやプロパガンダを指し、国家が打ち出すイデオロギーを指している。これら5つのスケープが重なって、人々の「想像する世界観（imagined worlds）」（p. 33）を確立していると言う。日本においてエスノ・スケープは、まだまだ日本人が圧倒的マジョリティで

あり、外国籍の人々は増えてはいるもののまだマイノリティである。しかし、人の移動が活性化する中、海外留学や国際結婚も増えてきた。日本にはまだ移民制度はないものの、在留資格を増やし、海外からの人々を受け入れる体制にも入っている。インターネットやソーシャルネットワークサービス（SNS）などの利用で、海外の人々との交流もたやすくできるようになってきた。すなわち価値観や知識の交流が以前よりもずっとたやすく、活発に行われるようになったのである。他国への株投資やFX、ビットコインなどの仮想通貨など、もはや国境を跨いだ取り引きも普通に行われるようになっている。国としても多様性を重んじ、多文化国家への道を歩む中、継承語を無視し、日本語教育に特化した外国人教育や、外国籍の子どもに就学義務を求めないなど、日本人優遇措置が政策に垣間見える。また、ニュースでも外国籍の犯罪者の場合、氏名と並んで国籍を挙げたり、欧米偏重の報道など、差別的な対応に憂慮する。現実社会が流動的になってきているのに、我々の価値観がアップデートされていない。

　これら5つのスケープの集合体は、結果どのような日本を構築しているのか、国際化・多様性を認めつつも、欧米偏重と同時に、その他諸国の軽視ではないかを考察する必要がある。

5. 日本における外国語教育専門家の育成

　現在筆者は大学院で、英語教員育成に携わっているが、学生からは英語指導のイロハ、すなわち手順を教えるよう期待されていると感じることが多々ある。言語を教えることをもはやテクニックと理解し、その伝授を期待されているようなのだ。大学院では様々な授業が履修可能であるが、やはり人気があるのが、「どのように英語を教えるべきか」を教える指導法の授業である。英語力はツールとして理解され、自由主義に代表されるように、最新の指導法を介して多くの学生たちの学びに寄与できるという思想に基づく。もちろん様々な理論に基づき、教授法を考察・伝授する仕事は有意義なものである。しかし、「日本で英語を教えること」に関して反芻し、疑問視する機

27

会はあまりない。現在、「言語と権力」と題した授業を担当しているが、そこで多くの学生は初めて英語帝国主義の概念に触れる。「良かれと思って」「学生たちのためを思って」「日本社会のためを思って」日々英語教育に従事している人たちが、自分のやっていることに対して初めて問い直す機会が設けられる。英語帝国主義の下、英語教育という「ビジネス」に我々教員が加担しているとすれば……。

　世界各地の英語教育について警鐘を鳴らした名著の一つに、前述したPhillipson（1992）の『言語帝国主義』（平田他訳）がある。近著では、英語を国際語とする傾向は、新リベラリズムに加担しているとしている（Phillipson, 2008）。彼によると英語はアメリカ帝国主義の一部であり、企業消費主義を台頭する、イデオロギー主導の産物だとする。

　「（英語使用の拡大・英語教育の拡充の）問題の本質は私たちだ（WE are the problem）」と批判的応用言語学者で、「言語権」[2]の概念で著名なスクトナブ＝カンガスがそう私に言ったことがある。2017年冬ザルツブルグで開催されたセミナーでだった[3]。世界中から言語政策関係者が集まり、多言語主義声明を作成するという集まりであった。大学教員の他に、教育委員会の言語教育コーディネーターや、イギリスからはブリティッシュ・カウンシル、ウガンダからは政治幹部、アメリカETS社やマイクロソフト社からも代表者が来ていた。リーダーとしてメルボルン大学の言語政策専門家ジョセフ・ロ・ビアンコ教授が任命され、参加者協働で「ザルツブルグ声明」を作成、翌年の国際母語デーである2月21日に公式に発表された[4]。その際、ディスカッションでよく挙げられたバイリンガリズムを肯定的に捉える理由として、経済的理由を述べた人が大半であった。バイリンガルであれば、良い仕事に就け、人生が豊かになるという信念がかなり根強かったのである。その経済的安定、そして多くの雇用はそもそも一体なぜ存在するのか、を疑問視

2　Linguistic human rightsとして知られる。母語習得は、全ての人々の権利であるとする。
3　https://www.salzburgglobal.org/multi-year-series/education/pageId/session-586.html
4　https://www.salzburgglobal.org/fileadmin/user_upload/Documents/20102019/2017/
Session_586/JA_SalzburgGlobal_Statement_586_Multilingual_World_Japanese.pdf

する人はあまりいなかった。そんなディスコースの中、居心地悪さを感じていた私をすぐ察知し、声をかけてくれたのがスクトナブ＝カンガス先生だったのである。

　声明文作成にあたり全員が積極的に参加し、完成後はいくつかの言語に翻訳され、流布された。内容は、多言語は貴重なリソースであり、推奨されるべきものである、といった主旨だ。それ自体には全く異論はないのだが、「多言語主義を推奨すべき」というディスコースは、決して目新しいものではない。それなのにこうして改めて世界に発信する必要性について考えた。なぜ多言語主義がこれほどまでに「良いもの」とされながら、なかなか実現しないのは、社会的構造や人々のイデオロギー、一部の集団による権力の掌握、リソースの独占によるのではないか。であるとすれば、その重要性を訴えるよりも、なぜ実現されないか、を問い、その構造を是正することが、本来我々がすべきことではないのか。社会構造を是正するためには、まずどんな社会的システムがどのように作用しているかについて考察する必要がある。前述した「内なる国際化」の授業は、そのための気づきを促す上で、貴重で有意義な第一歩だと評価している。

6. おわりに：マジョリティに求められる視点の変化

　人間を苦しめている原因の大半は、人間だ。戦争に環境汚染、貧困や殺人、詐欺など、人間が人間を陥れている事象は種々ある。しかし、裏を返せば人工的な原因は人を通して是正できる可能性も示唆している。本章では、日本の外国語教育において流布している新リベラリズムに基づいたイデオロギーに着目し、それに伴うヘゲモニーや差別について言及した。イデオロギーはしばし「常識」や「規範」として機能し、それに沿わない価値観や慣習などは排除される傾向にある。しかし、常識とされるものは、あくまでもある一部の集団のイデオロギーから構築されたものであり、あくまでも断片的・独特なものだ。「常識」をそのまま享受するのではなく、批判的に捉え、考察することが気付きへの第一歩であろう。日本社会は、西洋文化に抑圧される

側でもありながら、日本に居住する外国にルーツを持つ人々を抑圧している現状がある。そのどちらに対しても恒常的にアンテナを張り巡らせ、批判的に捉え、考察することが、今後ますます国際化が進む上で望ましい選択であろう。同様に、日本社会もこれまた他者を抑圧し、自分たちの「常識」を押し付けている側面も持つ。「特権を持つ人」「持たない人」は、一律ではなく、コンテクストによって変化する。よって、「味方（アライ）」「敵」というはっきりと二分化される図式も単純すぎる。自分は他者をいつの間にか抑圧し、また同様にされている、という自覚が必要だ。

　人々が己の「想像」に依拠して世界を創造しているとしたら、従前の「常識」という概念を恒常的に問い、望ましい世界観を提案、発信し、他者と協働で構築していくのが本来多様化社会における在るべき形であると確信する。

参考文献

アルジュン・アパデュライ（著）門田健一（訳）（2004）『さまよえる近代：グローバル化の文化研究』東京：平凡社

木村護郎クリストフ（2016）『節英のすすめ』横浜：萬書房

国際交流基金・日本国際教育支援協会（2012）「過去の試験のデータ」『日本語能力試験』https://www.jlpt.jp/statistics/archive.html

国際ビジネスコミュニケーション協会（n.d.）「TOEIC Programの理念：TOEIC Programの歴史」https://www.iibc-global.org/toeic/toeic_program/philosophy.html

ロバート・フィリプソン（著）平田雅博、原聖、浜井祐三子、細川道久、石部尚登、信澤淳（訳）（2013）『言語帝国主義：英語支配と英語教育』東京：三元社

パウロ・フレイレ（著）三砂ちづる（訳）（2018）『被抑圧者の教育（50周年記念版）』東京：亜紀書房

明治学院大学教養教育センター・社会学部編（2016）『もうひとつのグローバリゼーション：「内なる国際化」に対応した人材の育成』大阪：かんよう出版

文科省（2002）『「英語が使える日本人」の育成のための戦略構想の策定について』https://www.mext.go.jp/b_menu/shingi/chousa/shotou/020/sesaku/020702.htm

文科省（2017）『小学校学習指導要領（平成29年告示）解説　外国語活動・外国語編』https://www.mext.go.jp/component/a_menu/education/micro_detail/__icsFiles/afieldfile/2019/03/18/1387017_011.pdf

Appadurai, A. (1996). *Modernity at large: Cultural dimensions of globalization.*

Minneapolis, MN: University of Minnesota Press.

Becker, G. S. (1962). Investment in human capital: A theoretical analysis. Part 2 Investment in human beings. *Journal of Political Economy, 70*(5), 9-49.

Block, D. (2012). 'McCommunication': A problem in the frame for SLA. In D. Block & D. Cameron (Eds.), *Globalization and language teaching* (pp. 117-133). Oxon, UK: Routledge.

Block, D., Gray, J., & Holborow, M. (2012). Introduction. In D. Block, J. Gray & M. Holborow (Eds.), *Neoliberalism and applied linguistics* (pp. 1-13). Oxon, UK: Routledge.

Bourdieu, P. (1986). The forms of capital. In J. F Richardson (Ed.), *Handbook of theory of research for sociology of education* (pp. 241-258). New York, NY: Greenwood Press.

Cummins, J. (2001). *Negotiating identities: Education for empowerment* (2nd ed.). Ontario, CA: CABE.

Cummins, J. (2021). *Rethinking the education of multilingual learners: A critical analysis of theoretical concepts.* Bristol, UK: Multilingual Matters.

Davies, A. (2003). *Native speaker: Myth and reality.* Clevedon, UK: Multilingual Matters.

Fegan, C., & Sakamoto, M. (2020). Addressing translanguaging and CLIL: A Japanese ethnographic study. *Language Teaching, 53*(4), 524-528.

Flores, N. (2013). The unexamined relationship between neoliberalism and plurilingualism: A cautionary tale. *TESOL Quarterly, 47*(3), 500-520.

Foucault, M. (1980). *Power/knowledge: Selected interviews and other writings, 1972-1977.* New York, NY: Pantheon Books.

Freier, P. (1970). *Pedagogy of the oppressed.* New York, NY: Continuum.

Hall, S. (1996). The problem of ideology: Marxism without guarantees. In D. Morley & K. H. Chen (Eds.), *Stuart Hall: Critical dialogues in cultural studies* (pp. 25-46). London, UK: Routledge.

Harvey, D. (2005). *A brief history of new liberalism.* Oxford, UK: Oxford University Press.

Herman, E. S., & Chomsky, N. (1988). *Manufacturing consent: The political economy of the mass media.* New York, NY: Pantheon Books.

Holborow, M. (2012). What is neoliberalism? Discourse, ideology and the real world. In D. Block, J. Gray & M. Holborow (Eds.), *Neoliberalism and applied linguistics* (pp. 14-32). New York, NY: Routledge.

Ikeda, M. (2019). CLIL in comparison with PPP: A revolution in ELT by competency-based language education. In H. Reinders, R. Hayo, & S. Nakamura (Eds.), *Innovation in language teaching and learning: The case of Japan* (pp. 23-45). Cham, Switzerland: Palgrave Learning.

Kachru, B. B. (1985). Standards, codification and sociolinguistic realism. In R. Quirk & H. Widdowson (Eds.), *English in the world: Teaching and learning the language and literatures* (pp. 11-30). Cambridge, UK: Cambridge University Press.

Klein, N. (2007). *The shock doctrine: The rise of disaster capitalism*. New York, NY: Metropolitan Books.

Kubota, R. (2016). The multi/plural turn, postcolonial theory, and neoliberal multiculturalism: Complicities and implications for applied linguistics. *Applied Linguistics, 37*(4), 474-494.

Kubota, R., & Miller, E. R. (2017). Re-examining and re-envisioning criticality in language studies: Theories and praxis. *Critical Inquiry in Language Studies, 14*(2), pp. 2-3.

Pennycook, A. (2001). *Critical applied linguistics: A critical introduction*. Mahwah, NJ: Lawrence Erlbaum.

Pennycook, A. (2021). *Critical applied linguistics: A critical re-introduction*. New York, NY: Routledge.

Phillipson, R. (1992). *Linguistic imperialism*. Oxford, UK: Oxford University Press.

Phillipson, R. (2008). The new linguistic order: English as an EU Lingua Franca or Lingua Frankensteina? *Journal of Irish and Scottish Studies, 1*(2), 189-203.

Rampton, B. (1997). Second language research in late modernity: A response to Firth and Wagner. *Modern Language Journal, 81*(3), 329-333.

Ritzer, G. (1996/2004). *The McDonaldization of society (revised ed.)*. Thousand Oaks, CA: Pine Forge Press.

Said, E. (1978). *Orientalism*. London, UK: Routledge & Kegan Paul.

Sakamoto, M. (2017). Challenging hegemonic discourse: Oral proficiency=English proficiency? In M. Sakamoto & Y. Watanabe (Eds.), *From applied linguistics to English teaching: The past, present and future of graduate TESOL program at Sophia University* (pp. 211-232). Tokyo: Sophia University Press.

Sakamoto, M. (2021). The missing C: Addressing criticality in CLIL. *International*

Journal of Bilingual Education and Bilingualism. https://doi.org/10.1080/13670050.2021.1914540

Sakamoto, M., & Furukawa, G. (in press, 2021). (Re)imagining oneself as an English user: Identity formation of Japanese English learners. *Asian Englishes*. https://doi.org/10.1080/13488678.2021.1989547

Sakamoto, M., & Takakuwa, M. (in press). Forming a personal multicultural ideology: The case of a Japanese college student. *Journal of Belonging, Identity and Diversity, 5*(3).

Vygotsky, L. S. (1981). The genesis of higher mental functions. In J. V. Wertsch (Ed.), *The concept of activity in Soviet psychology* (pp. 144-188). Armonk, NY: M. E. Sharpe.

第2章　言語教育政策をめぐる
マジョリティとマイノリティ
多民族社会マレーシアの英語教育政策の事例

杉村　美紀

1. はじめに

　社会の多様化が進み、多様性の尊重とそこから生み出される多文化共生という規範が共有されることで、本来、社会は新たな文化形態の下に、より豊かなものとして発展していくことが期待される。その際に教育というものが大きな役割を果たすことは、これまでも様々な形で議論されてきた。しかしながら、現実には、いずれの社会においても、主流をしめるマジョリティと、主流ではない周縁におかれるマイノリティがあり、両者の間には時に紛争や対立に発展するような考え方の違いや格差が生じることが多い。それはマジョリティがその社会のシステムや規則をコントロールすることにより、そこでの枠組みがマイノリティの考えるシステムや規則とあわない場合に起こる。

　多文化主義とそれに基づく多文化教育は、そうしたマジョリティとマイノリティ間のバランスをとり、多文化共生に向けた有効な手段をとるために、「社会で不遇な立場におかれたマイノリティに、教育の機会を保障するための教育」と定義づけられてきた。この論理に立って議論されてきた教育問題には様々なものがある。ある民族にとっての言語教育の意義をめぐる論議もその一つである。多くの国民国家にとって、その国の教育制度でどのような言語を教授用語として用い、どの言語を授業科目として教えるかという問題は、マジョリティの言語を前提として考えた上で、マイノリティの言語を教授用語として用いるか否か、あるいは科目として教えることをどこまで許容するかという問題として論じられてきた。

　しかしながら、グローバル化が進み、各国とも自国の国民教育を、他国との関係性抜きに語ることができなくなっている今日、マジョリティとマイノリティをめぐる言語教育政策の問題は、より複雑な様相を呈するようになっている。従来は、国内のマジョリティとマイノリティの二項対立的な関係に注目して考えられてきた言語教育政策は、他国との外交・貿易、国際交流などを展開する中で、それ以外の要素、例えば相手側との共通言語を必然的に考慮しなければならなくなっている。英語はそうした共通言語として取り上げられる典型例である。マジョリティとマイノリティのいずれにとっても英語が母語ではない場合、その位置づけは従来のようにマジョリティとマイノリティの関係性だけで決まるわけではない。英語が教授用語や教科目として導入されるのはむしろ、国際社会における汎用性であったり、その国が知識や技術を他国との間で受け入れたり送り出したりする際に、利便性の高い言語であるためである。そうした言語教育政策の在り方は、時にマジョリティとマイノリティの間の関係性も変えてしまうほど影響力がある。

　本章で事例として取り上げるマレーシアは、日本と比べ、従来より多様性に富んだ社会であることに加え、近年、グローバル化や国際化の施策が進む中で外国人労働者及び留学生の受け入れが加速し、その結果新たな多様性をめぐる問題が生じているという状況がある。1957年の英領植民地からの独立以降、国民国家として成立発展する過程で国語教育政策が重視される一方、1990年代以降は、国際化やグローバル化が進む中、今度は英語教育政策の在り方をめぐり、マジョリティとマイノリティがそれぞれ様々な主張を展開してきた国である。そこでは、英語教育政策によって、マジョリティとマイノリティの関係性それ自体に変化が生じる可能性もでている。以下では、はじめにマレーシアの言語教育政策の展開、並びに国語政策によってマジョリティが政治的に位置づけられてきた状況を整理したあとで、2000年代以降、国語政策に対してあらためて重視されるようになった英語教育政策を分析し、マジョリティとマイノリティの関係性が、政策のコンテクストによって変化することを明らかにする。

2. 多民族社会マレーシアの言語教育政策の展開と 政治的マジョリティ

2.1　国民教育制度の成立

　多民族社会のマレーシアは、1957年に、それまで英領マラヤとよばれていたイギリスの植民地から独立し、独立国家となって以来、一貫して国民統合に取り組んできた。その要となってきたのが言語教育政策である。今日のマレーシアの教育制度は、初等教育6年、前期中等教育3年、後期中等教育2年、大学準備課程2年より成るが、このうち、初等教育の6年間は、マレーシアの主要エスニック・グループを代表するマレー系、中国系、インド系のそれぞれの母語を教授用語としたマレー語国民学校、華語国民型学校、タミール語国民型学校に分かれており、いずれの小学校を入学するかは生徒や保護者が決めることができるようになっている。しかしながら、中学校から上級段階では、大学に至るまで、公立学校及び国立大学においては全て、教科としての英語を除いて、マレー語を教授用語としている。このため、中学から新たに入学したいという場合には必ずマレー語を習得していなければ公立学校に進学することができず、小学校6年修了時の統一修了資格試験で一定の成績を納めることができなかった場合、中学校に進学する前にマレー語の習得に特化した「リムーブ・クラス」という1年間の言語教育コースを受講することになっている。

　こうした特徴ある国民教育制度は、1957年の独立前後からその後1980年代の初頭にかけて整備されてきたものである。英領マラヤ時代には、マレー語、英語、華語、タミール語の4つの言語別学校があった。このうち、マレー語による学校は初等教育のみで、華語、タミール語による学校には初等・中等教育があった。第二次世界大戦後、独立に向けて示された1951年の「マレー教育に関する委員会報告（バーンズ報告、Peport of the Committee on Malay Education, 1951）」では、全ての学校がバイリンガルで教える正規の学校として位置づけられた。それに対して、同1951年に発表された「華文学校とマラヤの華人教育に関する報告（フェン・ウー報告、Report of the

Chinese schools and the Education of Chinese Malayans, 1951)」では、全ての学校制度を一本化することが提案されたが、同時に華語学校については存続が提案された。こうした議論を経て、その後の国民教育制度の基となったのが1956年の「教育委員会報告（ラザク報告、Report of the Education Committee, 1956)」である。同報告では、マレー語を教授用語とする「標準学校」と、マレー語以外の華語、タミール語、英語を教授用語とする「標準型学校」とに分けた上で、全ての学校で共通のシラバスを用いることが提案された。また初等教育から中等教育に至る教育制度は、究極的には一本化されるべきであるが、それは性急にではなく徐々に一本化していくこともあわせて言及された。この「ラザク報告」は独立後初の「1957年教育令」となったが、様々なエスニック・グループからの反対もあり、最終的に制度の一本化を図るという目的は盛り込まれなかった。

　そして、現在に至る国民教育制度を最終的に位置づけたのが、1960年の「教育再検討委員会報告（ラーマン・タリブ報告、Report of the Education Review Committee, 1960)」とそれを基に制定された「1961年教育法」である。同報告では、マレー語を教授用語とし、全ての学校が同一のシラバスを用いることとした。そして最終的な目標は全ての学校をマレー語による学校とすることにあるとしながらも、当面はマレー語の他、華語及びタミール語の言語別学校を初等教育に残すとした。ただし名称は、マレー語学校を「マレー語国民学校」とし、それ以外の言語の学校は「国民型学校」とした。また各教育段階の修了時に行われる公的修了資格試験は全て、マレー語を試験用語として実施するとされた。さらに「1961年教育法」の第21条2項で、教育相の判断により、適切な時機が来た際には、全ての「国民型学校」をマレー語による「国民学校」に転換することができるという条項を盛り込んだ。

　なかでも大きな改革となったのが、英語を教授用語とする英語学校を全て「マレー語国民学校」に転換することとし、小学校1年生から、英語学校が学年進行により順次転換されていったことである。また中等教育にあった華語とタミール語の学校も、マレー語以外の言語別学校として認められたのは初等教育だけであり、中等教育では、政府補助を受けるためには、華語やタ

ミール語を教授用語とすることは廃止しなければならなくなった。これにより、タミール語中等学校は全て廃止され、華語学校の一部は、とりあえず英語国民型中等学校として政府補助を受けることとなった。しかしながら、それらも、その後始まった英語学校の廃止により全てマレー語学校へと転換された。言い換えれば、マレーシアの国民教育政策においては、国語政策が最優先課題とされ、英語学校は公立の学校制度上は全てなくなり、英語は必修教科としてのみ取り扱われることになったのである。

　こうした国民教育政策に対して、母語による教育を重視した一部の中国系華語教育関係者は、あえて政府補助を受けず、中国系コミュニティの寄付を基に私立華語学校「華文独立中学」を設立し、母語教育を継続する道を選択した（杉村, 2000）。

2.2　国語を軸とする国民教育制度と政治的マジョリティ「ブミプトラ」の位置づけ

　国民教育政策とそれによる国民教育制度には、多民族国家としての国民統合とそのための国民形成という国家課題が反映されている。特にマレーシアの場合には、国語としてマレー系の母語であるマレー語を選択し、マレー系を政治的にマジョリティとして位置づけている点は極めて特徴的である。国民教育制度の根幹である国語（national language）については、「国語法（National Language Acts 1963/1967）」において、マレーシアのいかなるコミュニティも、公の目的においては国語を用いなければならないとし、マレー語を国語とすることとされた。またその表記法についてはローマ字表記（Rumi）を用いるが、アラビア語表記（Jawi）も使ってもよいこと、ただし数字はアラビア数字を用いることが定められた。

　また、マレー系の特権は法的に規定されている。マレーシア連邦憲法では、伝統的なスルタン制度を基礎とし、国王を元首とする立憲君主制度の導入やそのための選挙、並びにイスラームを連邦の国教と定めるとともに、マレー人に特別な地位を保証し、その保護者としての役割をスルタン及び国王に付与し、さらにマレー語を国語と位置づけた（鳥居・竹下, 1996）。連邦憲法では

第12部第152条で、「（1）国語はマレー語とし、その綴り字は国会で定められている。ただし（a）何人も、その他の言語の（公用目的以外の）使用、教授、学修を禁止されない、また（b）本項は連邦内のマレー人以外の種族の言語の使用・研究を維持しようとする連邦政府あるいは州政府を妨げるものではない。」としている。さらに同153条では、「（1）最高元首は、本条の諸規定に従い、マレー人及びサバ州とサラワク州の原住民の特別な地位、及びその他の種族の正当な利益等を守ることを、自己の責任とする。」として、マレー人及びサバ州・サラワク州の原住民の特別な地位保証を規定している。そしてこれらは国会の場を含む公開の場での議論が禁止されている。マレーシア連邦憲法は、1957年8月の独立時に発効したマラヤ憲法を基に、その後、改正が重ねられて今日に至っているが、こうした国語としてのマレー語の位置づけやマレー人の特権が明記されたのは、1969年5月に、総選挙後の結果をめぐり、マレー系と中国系の間で起きた人種暴動後、非常事態宣言が出され、1971年2月に再開された国会で決められた連邦憲法改正によってであった。

　人種暴動の翌1970年には、国家の指針である「国是（ルクネガラ）」が定められている。そこでは、「我々マレーシア国民は以下の5つの目的の達成を目指す。」として、1）複合社会の統一された国家、2）法的に選ばれた国会による民主社会、3）全ての者に平等な機会がある自由な社会、4）多用な文化的伝統を持つ自由な社会、5）科学と現代技術を志向する進歩的な社会という5つの目的が掲げられた。またこれらの目的の達成は1）神への信仰、2）国王と国家への忠誠、3）憲法の擁護、4）法の支配、5）良識ある行動と道徳によって導かれるとされた。この「国是」は、その後のマレーシアの社会システムと教育政策を位置づける根幹となって今日に至っている。

　こうしたマレー系及び先住民の特権を認める政策は、1971年から開始された「新経済政策（New Economic Policy：NEP）」の下でマレー系と先住民に対してとられるようになった優遇政策に反映された。マレー系と先住民は、それ以外の民族と比してブミプトラ（マレー語で「土地の子」の意味）と位置づけられ、①人種を超えた貧困の撲滅、②マレー人の資本所有率30%を90年までに引き上げて、雇用水準の向上で社会構造を再編することを理

由に、「ブミプトラ政策」がとられるようになった。国全体の貧困率を下げるためには、貧困率の高いマレー系や先住民を優先する必要があるというのが政策実施の背景にあった。具体的な優遇策には、ブミプトラに対する、国立大学入学における民族別比率制度の適用、奨学金取得や公務員就職への優遇、住宅購入価格の割引や住宅ローンの低金利優遇が含まれる。

　20年間の長期政策であったNEPは1990年に終了するが、その後、マレーシア政府はさらに国家開発政策（National Development Policy：NDP）を開始した。さらにそのNDPが2000年に終了すると、当時のマハティール政権は政策を引き継ぐ10年間の国家ビジョン政策（National Vision Policy：NVP）を導入した。そしてその後のナジブ政権（当時）も2011年から新経済モデル（National Economy Model：NEM）を実施した。この間、2008年の下院総選挙では優遇政策の廃止を掲げた野党が躍進するなど、ブミプトラ優先政策に対しては、特にブミプトラ以外のグループからの不平や不満が示されたが、優遇政策の廃止には憲法のマレー人の特別地位にも関わるため、完全に廃止するのは難しいという状況にある。こうして、マレーシアでは、政治的なマイノリティであるブミプトラと、それ以外のマイノリティという構造がより強固なものとなったのである。

2.3　ブミプトラ政策と国民教育制度をめぐる改革

　ブミプトラ政策導入後、国民教育制度においては、マレー語国民学校と華語及びタミール語国民型学校の区別が常に議論の対象となってきた。それは、国民教育政策の目標は、国民学校と国民型学校の峻別をなくすことにあり、そのための施策がとられてきたためである。例えば1985年には「統合学校プログラム（Integration School Programme）」が発表されている。これは3つの言語別学校を一つの敷地の中に配置し、統合（unity）を強めようとする計画であったが、中国系の母語教育支持者である華語教育関係者から強い反対が示され、結果的には放課後の活動を共に行う「学生統合プログラム（Student Integration Programme for Unity）」に修正された。

　類似の計画は1995年に発表された「ビジョン・スクールプログラム（Vision

School Programme)」にも見られる。これは、3つの学校の機能のうち、学校運営や教職員体制はそれぞれ別にしながらも、食堂や図書館、講堂などの施設を共有して活動を行うというものである。こうした構想の背景には、教育財政の観点からより有効に学校を運営しようという意図もあったと考えられる（杉本, 2001）。

　このように、3つの言語別学校の特性にどのように配慮するかという問題は、国民教育を行う教育機関としての統一性を意識する施策の方向性とともに、重要な論点になってきた。そのことは1996年に行われた「1961年教育法」の改正にも反映されている。改正された「1996年教育法」では、教育相の判断によって華語やタミール語学校を国民学校へ転換できると規定した第21条2項が削除された。この条項は、マイノリティである中国系やインド系が自分たちの母語教育の場が失われる可能性があるとして長く懸念してきたものである。また、基本的には国語を教授用語とする公立の中等教育機関において、15名以上の保護者からの要望があれば、華語やタミール語を学校で教えることができるということも盛り込まれた。さらに同法の改正により、私立学校が一定の法的地位を得たことも大きな改革であった。これにより中国系が独自に運営していた「華文独立中学」が、制度上は私立学校の一つとして位置づけられるようになった。その一方で、各学校における国語及び英語教育の必修ということも強調された。この後、2006年には再度、「学生統合プログラム」が実施され、教員や保護者もともに活動を展開することが促されている。

3. マレーシアにおける英語教育政策とインパクト

3.1　理数科科目の教授用語としての英語導入とマレーシア社会へのインパクト

　マレーシアにおいて、ブミプトラに対する非ブミプトラという図式は、国家の政治的枠組みによって定められる枠組みそのものであり、国民教育制度の主流である政治的マジョリティと、主流ではないマイノリティという構図

は常に政策の中で意識されてきた。

　しかしながら、1990年代に国際化やグローバル化が進み、人の国際移動や国際交流が活発化するにつれ、マレーシアの教育も、一方では初等・中等教育を中心に旧来からの国語を軸とした国民教育政策が堅持される一方で、科学技術教育分野では、新たな方向性を模索し始めた。それは、理数科教育の教授用語として英語を導入するという新たな政策である。2002年7月にマハティール首相（当時）は、2003年より、初等学校及び中等学校のそれぞれ第1学年から、理数科科目の教育を英語で行うことにすると発表した。前節で述べたとおり、独立以来、マレー語を軸とした言語教育政策を展開してきたマレーシアにとって、理数科科目に限るとはいえ、教授用語を英語とするとしたことは非常に大きな変化であった。

　この政策転換の背景として、Tan & Santhiram（2014a）は2つの要因を挙げている。第1に、経済発展に重要な多国籍企業や海外の企業との連携を図るために英語が必要不可欠であるということである。第2に、マレーシアの学生の英語能力の低下である。前述のとおり、マレーシアの国民教育制度から英語を教授用語とする学校は、順次マレー語を教授用語とする学校に転換され、1982年以降は英語学校が制度上なくなっている。この結果、英語そのものは必修科目とされてきたものの、生徒の英語力が全体的に低下しているというのである。Chan & Abdullah（2015）は、生徒の英語力が低いことに関して、国語であるマレー語の影響を強く受けた英語になりがちなこと、並びに学校での教科としてしか英語に接しないために、実用としてではなく試験の科目としてしか英語をとらえていない傾向があるという2点を挙げている。

　この英語力低下の問題に対しては、①修了試験の英語のレベルをより高く設定すること、②「科学技術英語（English for Science and Technology：EST）」という科目を中等学校の理系の第4学年と第5学年に導入すること、③大学準備期間の生徒には、「マレーシア大学英語能力試験（Malaysian University English Test：MUET）」を必修科目として1999年から履修させること、といった対策がとられてきた。しかしながら、これらの施策では

いずれも大した成果を上げることができなかった（Tan & Santhiram, 2014b）。第3に、特に科学技術分野の進展に後れを取らないようにするためには、英語が必要不可欠であるという事情もあった。マレーシアも、科学技術教育（Science, Technology, Engineering and Mathematics：STEM）には特に力を入れてきた経緯があるが、その一方で、マレー語だけでは最新の科学技術教育を行う際に、語彙や教材が不十分であることが指摘されていた。また、研究交流においても英語力は重要な言語と考えられたのである。

　初等中等教育の理数科教育の教授用語への英語導入は、マレーシア社会に大きなインパクトを与えた。マレーシアを構成するエスニック・グループのうち、この政策を支持したのは、政府とインド系の人々である。科学技術教育の伸長と国際社会での競争に資する人材育成のためには、汎用性のある英語を習得することは必要不可欠であるという判断に立ち、マレー語やタミール語の公立小学校では英語による理数科の教授学習を推奨した。

　これに対して、華語国民型小学校では、理数科教育を英語と華語の両方を使って教える学校が多くみられた。これは、教授用語を英語だけに切り替えてしまうと、教授学習の質が落ちてしまうことを危惧したからである（Tan & Santhiram, 2014, p. xv）。あわせて、中国系は、英語を教授用語とすることが、中国系にとっての母語である華語を軽視することにつながることを危惧し、ともに汎用性のある華語を英語と同様に教授用語として取り上げることを希望する考えを示した。この考えは、マレー語を加えた三言語主義という考え方であり、従来から母語教育の重要性を主張していた中国系が主張してきた考え方でもあった。他方、マレー系保守派層は、英語を再評価して教授用語とすることに対して、マレー語の国語としての地位を脅かすのではないかという懸念を持ち、国語としてのマレー語の特権を主張した。

　このように英語の理数科科目の教授用語への導入は、マレーシア社会のマジョリティとマイノリティの間に新たな関係性を生じさせることとなった。それまでは、マレー系優先政策が展開される中で、政治的マジョリティとしてのブミプトラと、マイノリティである中国系やインド系の非ブミプトラが対峙する関係にあった。しかしながら、英語の教授用語導入をめぐっての対

応は、マレー系を中心とする政府とインド系が導入支持の立場に立ったのに対し、マレー系の保守派層と華文教育関係者は、それぞれが異なる理由からではあるが、反対の立場に立ったのである。これにより、旧来からの政治的マジョリティとしてのブミプトラと非ブミプトラという図式ではなく、マイノリティが賛成派と反対派に分かれる新たな関係性が見られるようになった。

　英語の教授用語への導入に特に強い反対を示したのは、マレー系保守派層である。マレー系保守政党の「統一マレー国民組織」は、導入からわずか3年後の2006年に、英語の導入は国語政策に逆行するものであり、憲法第152条1項に定められたマレー語の国語としての地位を脅かすものとして強い反対意見を示した。この反対表明は、ついには国王に意見書を提出するまでの事態に発展し、結果的に政府は導入の中止を決め、2012年からは再び理数科の教授用語をマレー語に戻すことになった。当時すでに理数科科目を英語で学んでいた生徒については、引き続き修了まで英語で学ぶということとされたため、英語による教育が完全に修了したのは2014年であった（杉村, 2018）。

3.2　英語導入による国際化が引き起こすインパクト

　英語の再評価が及ぼすマジョリティとマイノリティの間の関係性の変化には、前述の理数科科目の教授用語問題のほかにも、高等教育で起きている英語再評価の問題がある。教育制度の教授用語から英語を廃止する政策は、1982年以降、高等教育機関にもおよび、マレーシアの大学では原則として国語を教授用語とすることとされていた。しかしながら、1990年代に入り、高等教育の国際化が始まり、1990年代半ば以降、その流れが加速すると、高等教育では英語の教授用語への復活が見られた。これは、高等教育政策の転換により、高まる高等教育への進学需要に応えるため、1996年の私立高等教育機関法制定をきっかけに、高等教育の民営化が認められるようになった結果である。これに伴い、新たに開設された大学はもちろん、既存の大学でも英語を教授用語とするプログラムが一気に拡大した。英語によるプログ

ラムの利点は、マレー語ではなく英語を教授用語とすることにより、国内の
みならず、国外の高等教育機関とのクロスボーダー教育が容易に実現し、そ
れによってダブルディグリーやジョイントディグリーといった共同学位プロ
グラムが急増したことである。

　高等教育における英語のプログラム拡大とそれに伴うクロスボーダー教
育、ないしトランスナショナル教育とよばれる新たな動きは、様々なインパ
クトを与えている。第1に、国内学生に起きている変化である。国境を越え
て展開されるプログラムでは、海外の大学のプログラムを受講し、かつ卒業
資格や学位も取得できるようになったことで、これまでであればブミプトラ
政策の下で国内では進学が難しかったマイノリティの学生たちが、こうした
様々なプログラムに参加することが可能となった。こうした状況の中で起き
ているのが、ブミプトラを中心とする国立大学と、それ以外の私立大学との
間の分断である。ブミプトラ政策の下では、高等教育への進学機会において
設けられているクォータ制度により、マジョリティとしてのブミプトラとマ
イノリティの非ブミプトラの入学者定員比率が定められてきた。このため、
マジョリティは国立大学等への進学が中国系やインド系に比べて優利な状況
にある。それに対して、私立大学には、進学の機会が制約されている非ブ
ミプトラの学生が多くなっている。ここには、高等教育の国際化とそれを促す
英語によるプログラムの増加が、マレーシア社会におけるマジョリティとマ
イノリティの分断を、教育機関別に加速させているという状況を見て取るこ
とができる。高等教育の国際化戦略では、受け入れ留学生数を、大学院レベ
ルの受け入れ留学生数の増加を含めて2015年当時の10万8000名から25万名
へ増加させることと、そのための海外での広報強化が挙げられており、今後
も留学生受け入れ国としての方向性は堅持されようとしている。しかしなが
ら、それは同時にホスト社会としてのマレーシアに社会文化変容を起こし、
エスニック・グループ間のバランスにも影響を与えるようになっているので
ある。

　第2に、国外からマレーシアに来る留学生の増加と、多国籍化に伴う多文
化共生問題である。高等教育の国際化が進展し、特に英語によるプログラム

が発展する中で、国外からマレーシアへ来る留学生が増加した。この結果、マレーシアはかつての留学生送り出し大国から、今や留学生受け入れの主要国になった。こうした状況の変化の中で特徴的なのは、留学生数の増加だけではない。留学生の出身国が、中東諸国やアフリカ諸国からと多様化したことである。1990年代後半からの国際化やグローバル化に伴う留学生の流入は、一時期こそ、中国人留学生が多かったのに対し、その後、バングラデシュやインドネシア、インド等のアジア諸国、中東のイランやナイジェリアといったアフリカ諸国からも留学生が増えた。マレーシアへの留学理由として挙げられるのが、英語によるプログラムであり、あわせて留学費用が比較的安いこと、治安も比較的安定していることが挙げられる。マレーシア側の政策的意図としては、労働者不足問題がある中で、留学生が修学修了後もそのままマレーシアに残り、経済活動の戦力となってもらうことが挙げられるが、留学生にとってはマレーシアは必ずしもそのまま残って仕事をする目的地となっているわけではない。留学生の多くは学部段階の英語プログラムに留学し、その後は再度、アメリカやイギリス、オーストラリア等の主要英語圏の国々へ、より上位の学位を取得するために再留学するという流れができている。いわばマレーシアは留学生にとっては第三国への「留学通過点（トランジットポイント）」となっている（杉村, 2010）。

　こうした留学生増加とその多国籍化は、新たな多文化共生問題を生んでいる。例えば、同じイスラーム教徒であっても中東諸国からのイスラーム教徒とマレー系との間の違い、あるいは中国人留学生と中国系マレーシア人の間では、宗教や言語が表面的には類似していながら、考え方や価値観や習慣の違いがある。またアフリカ諸国からの留学生とマレーシアのコミュニティとの間の文化摩擦もある。そもそもアフリカという地域や国々の多様性を考えると、「アフリカ人留学生」とくくること自体が難しい上に、その学生たちがマレーシアの大学にきて、マレー人、中国系、インド系、その他先住民族等から成る多様な文化の中でどのように多文化共生を図ることができるかは非常に複雑な問題である（杉村, 2017）。

　多種多様な文化を持った人々が新たに流入して起こる多文化共生問題は、

マレーシアが受け入れている外国人労働者が引き起こす問題とも連動している。彼らは、職種製造業、建設業、プランテーション、サービス業、農業、家事労働など、主にマレーシア人が好まない職種に従事する出稼ぎ労働者として、その移入は増加傾向にある。この背景には、マレーシア政府側の外国人労働者受け入れ奨励策と、出稼ぎ労働をせざるを得ない経済状況をかかえる送り出し国側双方の利害が一致していることが挙げられる。しかしながら、マレーシア社会では、外国人労働者の不法滞在の問題とも重なり、彼らに対する偏見や差別の問題が以前から懸念されてきた（Ramasamy, 2004）。マレーシア政府は、2015年からは移入のための条件を厳格化した（Immigration Department of Malaysia, n.d.）。現在、マレーシア政府は、外国人労働者の職種を製造業、建設業、プランテーション、農業、サービス業に限定し、企業が政府から許可された外国人労働者の人数枠（クオータ）の範囲で受け入れられること、さらに年齢は18歳から45歳までとし、健康診断書や移入許可証を取得していなくてはいけないことを義務づけている。しかしながら、深刻化する人材不足と外国人労働者に対する需要から、引き続きマレーシアの外国人労働者は増加傾向にある。

　マレーシアには、登録者として人口約3000万人のうち210万人の外国人労働者がいるといわれるが、不法滞在者を入れるとその数は600万人にまで増えるといわれている。主として、インドネシア、バングラデシュ、ベトナム、ネパールなどから成る210万人というこの人口比率はすでにインド系の人数比率を超え、人口比でいうと、ブミプトラと中国系に次ぐ第3のグループを形成しているという（Lek, 2016）。ここにはまた、ブミプトラという政治的マジョリティとそれに対するマイノリティという単純な図式ではなく、マイノリティの中の変動や、逆にマジョリティとマイノリティから成るマレーシアコミュニティに対して、外国人労働者という新たなグループ層が登場し、その中にまた出身地によって異なる文化を持ったコミュニティが重層的に重なり合っている構造がある。そしてこうした外国人労働者の受け入れもまた、英語を媒介とした人的移動によるものである点に留意する必要がある。

4. バイリンガル教育導入と教育の質保証をめぐる問題

4.1　国語と英語のバイリンガル教育「二言語プログラム」の導入

　今日のマレーシア社会において、英語を教授用語としたプログラム、英語を軸とした社会経済政策は、教育の国際化や外国人労働者の移入をはじめ社会活動の活性化を支えている。国語としてのマレー語の絶対的位置づけは変わらないものの、英語の持つ汎用性と利便性を考えると、マレー語だけで政策を動かすことはもはやできないと言ってよい。

　この動きは、前節で述べた理数科教育の教授用語への英語再導入の問題でも如実にあらわれている。同施策は2014年に完全に終了したが、保護者や企業関係者の中からは、それぞれの立場から、英語が就職や、経済活動にとって必要不可欠であるという主張が出された。この結果、マレーシア政府は2015年から、新たな施策として「二言語プログラム（Dual Language Programme：DLP）」の公立学校への導入を決定した。DLPプログラムは、選ばれた学校が実施できるプログラムであり、数学、科学、情報科学をマレー語あるいは英語を教授用語として教えることができるというプログラムである。同プログラムに選抜されるためには、1）十分な教材や施設設備が完備されていること、2）教職員がプログラムの実施に同意していること、3）保護者が同意し文書でその意思表示をしていること、4）当該学校のマレー語の成績が、小学校の修了時や中学校修了時に行われる修了試験において高いことという条件を満たしていることが必要である（杉村, 2018）。

4.2　英語教育の質向上：「英語教育改革ロードマップ2015-2025」

　他方、現行のマレーシアの教育改革全体の方針を定めている「マレーシア教育改革計画2013-2025」（Malaysia Education Blue Print 2013-2025）では、生徒の英語能力向上が指摘され、それに基づいてマレーシア政府は「英語質保証局（The English Language Standards and Quality Council（ELSQC））」を立ち上げた。「マレーシア教育改革計画2013-2025」では、生徒が日常会話には支障はなくとも、急激に変化する21世紀社会において活躍する人材と

して必要なレベルのスキルと知識を着実に身につけさせる必要があることを指摘し、初等教育から高等教育まで一貫して英語力強化を図っていくべきであるという提言をまとめた。それに基づき、「英語質保証局」では、2015年に、この英語教育政策を進めていくための「英語教育改革ロードマップ2015-2025」を作成し、言語教育の国際基準である「ヨーロッパ言語共通参照枠（Common European Framework of Reference for Languages：CEFR）[1]」を導入することでカリキュラム、教授学習課程、評価にわたる包括的な英語教育の質向上を目指すようになっている（Don & Abdullah, 2019）。

　この英語教育政策に伴い、喫緊の課題となっているのが英語を教える教員の質の問題である。前述のとおり、「二言語プログラム」の導入をめぐっては、生徒の側に相応の語学力があることと同時に、バイリンガル教育を行うだけの資質を持った教員の重要性が指摘されていた（Sliman et al., 2017）。マレーシア教育省は、教員の英語教授能力の改善を目指して、英語を教える教員には「マレーシア大学英語能力試験（Malaysian University English Test：MUET）」を受験し、最低でもCEFRのC1レベル[2]を取得することを求めている。また、英語以外の教科を教える教員の場合も、もしも主に英語を使って当該教科を教える場合にもMUETの受験を求めている。前述のとおり、MUETはもともと1999年に国立大学入学前の学生たちを対象に実施し始めた英語力試験である。

　教育省によれば、英語の教員41,676名のうち、これまで約半数がMUETを受験しており、そのうちの約67%がC1レベルの成績を獲得しているものの、残りはC2レベルにとどまっていること、さらに半数はまだ受験もしていないことを指摘し、まだ3,000名余りの英語教員が不足していることからも、2019年には年末までの受験と結果の報告を求めた。教育省がMUETを

1　CEFR（Common European Framework of Reference for Languages: Learning, teaching, assessment、外国語の学習、教授、評価のためのヨーロッパ言語共通参照枠）は、複数の言語を対象とした学習、教授、評価のための枠組みとして、言語教育の研究成果を基盤にヨーロッパで開発された。

2　言語達成度を表す共通参照レベルとして、A1からC2までの6つのレベルが設定されている。C1はその中で上位から2番目で、「高度な話題の内容を理解し、複雑な話題について明確でしっかりとした表現ができる」レベルとされる。

採用したのは、他の英語検定試験に比べて費用が安く、教員が自己負担しやすいことからであるとしている。教育省は2013年から18年にかけて、受験費用の補助も行ったが、各自に負担してもらうことの方が効果があると判断したとされる（Hui, 2019）。

　以上述べたように、「マレーシア教育改革計画2013-2025」では国語に対して英語をこれまで以上に重視し、バイリンガル教育を志向する方向性が打ち出されている。それはChan & Abdullah（2015）も指摘しているとおり、従来からの国家統合のための国語と、経済社会的活動や国際交流を進める上で必要な英語を共に重視した言語教育政策である。

　バイリンガル教育政策の下で、近年にわかに急増しているのは、マレーシアで「国際学校（international schools）」と呼ばれる学校である。英語に重点を置き、海外のカリキュラムを取り入れながら、進学先としても海外の教育機関への接続を考慮した学校である。「国際学校」は国籍を問わず様々な文化的背景を持つ子どもたちが学ぶ学校というのが本来であるが、マレーシアの場合には、マレーシア籍の子どもたちが多く入学している点も特徴的である。ここにも、マレーシア政府によるバイリンガル教育への重点化が大きく影響を与えている。例えば、国民教育政策の下であえて政府補助を受けず私立の母語教育機関として独自に維持・運営されてきた「華文独立中学」（前述）は、「国際学校」の発展ぶりに少なからず影響を受けている。従来、マレー語を中心とした国民教育に対し、「華文独立中学」は、華語と英語、さらにマレー語という三言語教育を展開してきた。それに対し、より英語に特化した国際学校が登場したことで、国際学校を選ぶ中国系の生徒が増えているといわれる（Raman & Tan, 2015）。

　一方、同じ中国系でも「華文独立中学」を運営している華文教育関係者はまた別の立場をとっており、「マレーシア教育改革計画2013-2025」に対して、「華文独立中学」に特化したブループリントを発表している。この中では、「華文独立中学」ではこれまで同様に国語と英語と華語の三言語教育は行うものの、インターナショナルスクールとするつもりはないことを明言している。

　このように、バイリンガル教育を重視しようとするマレーシア政府の言語

教育政策は、今日、マレーシアのコミュニティの中に、さらに複雑な様相を生んでいる。前述のとおり、理数科教育の教授用語に英語を導入しようとしたことで、従来のマジョリティとマイノリティの対立の図式が変化し、マジョリティとインド系が言語教育政策を支持する側に、またマイノリティの中でも特に母語教育を重視する華語教育関係者と保守的なマレー系が、それぞれ異なる意図ではあるが反対側に立つ構造が生じた。しかしながら、今般のバイリンガル教育の導入により、今度は新たに、マジョリティもマイノリティも、それぞれの意図は異なるとしても、同じ方向を目指すようになっているといえる。それは英語を軸としたグローバル化や国際化を志向する方向性である。ただし、そこでは、マレーシアが独立以来有してきた国語教育政策が持つ国是を維持する方向性とどのように整合性をとるかということが、非常に重要な課題となっている。

5. まとめ：言語教育政策をめぐるマジョリティとマイノリティの関係性

　独立以来、マレーシアの国家政策の中心であり続けてきた国語政策と国民教育政策は、「マレーシア教育改革計画2013-2025」により、バイリンガル教育の導入という新たな局面を迎えている。従来の国民教育政策の中で、常に必修教科としておかれてきた英語が、グローバル化と国際化の中でその位置づけを大きくしているといえる。この政策動向をめぐって、政治的マジョリティであるブミプトラと非ブミプトラのマイノリティの間の国語政策をめぐる二項対立的な関係には変化が生じている。英語教育政策は、現状のマレーシアにとって、対外政策や技術開発、外国人労働者受け入れ政策といった、人や情報の流動性を進める上で必要不可欠な施策として展開されていくことになろう。

　ただし、その一方で生じている多文化共生をめぐる課題も大きな課題である。「マレーシア教育改革計画2013-2025」に挙げられている Access、Quality、Equity、Unity、Efficiency という5つのキーワードは、まさにそ

の複雑な課題を予想しているやにみえる。すなわち教育において、決められた財源の中で全ての子どもたちがいかに効率的（efficiency）に質の高い（quality）教育を受ける機会を担保するか（access）ということとともに、そこでは都市部と地方の格差、社会経済的格差、ジェンダー格差など、様々な格差に関係なく教育を享受できるようにする（equity）とともに、共通の価値観や経験を共有し、統合（unity）の礎を築くことができるかということが目標として掲げられている（Ministry of Education, 2013 : E-9）。ただし、本稿で述べたように、重要なのは、その際に、政策の下で政治的に位置づけられているマジョリティとマイノリティがどのような教育経験を共有し、かつその「統合」がどの方向に向かうのかということであろう。

　その意味では、「マレーシア教育改革計画2013-2015」が、統合（unity）という言葉を掲げ、包摂（inclusion）としていないのは実に興味深い点である。そこにあるのは、やはり国是を基としたunityであり、それはマレーシアが多民族社会をかかえる国として、威信をもって揺らぐことなく掲げ続けなければならないものである。その一方で、打ち出される言語教育政策をめぐっては、マジョリティとマイノリティが、その時々の文脈で支持や不支持を示す。その関係性のバランスをとることが、多様性を持つ社会における、もう一つの重要な政策課題である。

参考文献

杉村美紀（2000）『マレーシアの国民教育政策とマイノリティ：国民統合のなかの華文学校』東京：東京大学出版会

杉村美紀（2010）「高等教育の国際展開におけるトランジットポイント」『カレッジマネジメント』*160*, 34-37頁

杉村美紀（2017）「マレーシアの『複合社会』と移動する人々：マイグレーションとしての外国人労働者・留学生に対峙する国民国家」杉村美紀編『移動する人々と国民国家：ポスト・グローバル化時代における市民社会の変容』(pp.65-81). 東京：明石書店

杉村美紀（2018）「グローバル化時代における国民国家と教育制度の変容：マレーシアの初等中等教育の理数科科目における教授言語問題」『上智大学教育学論

集』52, 65-77頁

杉本均（2001）「マレーシアにおける民族統合学校（ビジョン・スクール）の動向」
　『京都大学大学院教育学研究科紀要』47, 84-98頁

鳥居高・竹下秀邦（1996）「マレーシア連邦憲法［解説と翻訳］」『重点領域研究総
　合的地域研究成果報告書シリーズ：総合的地域研究の手法確立：世界と地域の
　共存のパラダイムを求めて』, 24, 26-160頁

Chan, S. H. & Ain Nadzimah Abdullah (2015). Bilingualism in Malaysia: Language
　education policy and local needs. *PERTANICA Journal of Social Sciences &*
　Humanities, 23(S), 55-70.

Don, Z. M., & Abdullah, M. H. (2019). The reform of English language education
　in Malaysia. *FMT News*, May 22, 2019. Retrieved September 9, 2020 from
　https://www.freemalaysiatoday.com/category/opinion/2019/05/22/the-
　reform-of-english-language-education-in-malaysia/

Hui, L. C. (2019). Boosting English standards. *The Star*. September 1, 2019.
　Retrieved September 1, 2020 from https://www.thestar.com.my/news/
　education/2019/06/09/boosting-english-standards/

Immigration Department of Malaysia Website. (n.d.). Retrieved September 2, 2020
　from https://www.imi.gov.my/portal2017/index.php/en/foreign-worker.html

Lek, P. A. (2016). The dilemma of having foreign workers in Malaysia. *The Straits
　Times*. September 17, 2016. Retrieved September 2, 2020 from https://www.
　straitstimes.com/opinion/the-dilemma-of-having-foreign-workers-in-malaysia.

Ministry of Education Malaysia. (2013). *Malaysia education blueprint 2013-2025*.
　Petaling Jaya, Kementerian Pendidikan Malaysia.

Raman, S. R., & Tan, Y. S. (2015). The development of Chinese education in
　Malaysia: Problems and challenges. *ISEAS Working Papers No. 2*, Singapore:
　Yusof Ishak Institute.

Ramasany, P. (2004). International migration and conflict: Foreign labor in
　Malaysia. In A. Anata & E. N. Arifin (Eds.), *International migration in Southeast
　Asia* (pp. 273-295). Singapore: Singapore Institute of Southeast Asian Studies.

Suliman, A., Nor, M. Y. M., & Yunus, M. M. (2017). Dual-language programme in
　Malaysian secondary schools: Glancing through the students' readiness and
　unravelling the unheard voices. *GEMA Online Journal of Language Studies*, 17(4),
　128-145. Retrieved September 3, 2020 from http://doi.org/10.17576.gema-
　2017-1704-09.

Tan, Y. S., & Santhiram, R. (2014a). Globalisation and educational language policy in Malaysia: The re-emergence of English and its impact on the nation building process. In Tan Yao Sua & R. Santhiram. *Educational Issues in Multiethnic Malaysia* (pp. 163-185). Petaling Jaya: Strategic Information and Research Development Center.

Tan, Y. S., & Santhiram, R. (2014b). Teaching of science and mathematics in English in the Malaysian primary schools. In Tan Yao Sua & R. Santhiram *Educational Issues in Multiethnic Malaysia* (pp. 140-141). Petaling Jaya: Strategic Information and Research Development Center.

【注】

　第2-1節の記述及び第3-1節の記述は、杉村美紀（2018）「グローバル化時代における国民国家と教育制度の変容：マレーシアの初等中等教育の理数科科目における教授言語問題」『上智大学教育学論集』第52集、上智大学総合人間科学部教育学科、2018年3月、65-77頁を基に加筆修正したものである。

第**3**章　真の多文化共生を目指して
望まれる言語教育と教育政策

坂本　光代・杉村　美紀

1. はじめに

　グローバル化が進む中、昨今頻繁な人の移動により多極性が認められ、従前19世紀にはイギリス、20世紀にはアメリカと、一か所に権力が集中する傾向があったが、現代は北米・欧州・アジアといった3極に基づくグローバリゼーションが展開しつつある (O' Sullivan, 2019)。同時にテクノロジーの発達に伴い、人々の国際化に対する認識が多様化・複雑化してきた（アパデュライ, 2004）。

　しかし、近年急速に蔓延した新型コロナウイルスが、人々に新たな挑戦を叩きつけた。グローバル化が進み、人の移動が活発だったが故に瞬く間に拡大した疾病に対し、個々の国がそれぞれの解決策を模索し、これといった「正解」がない中、実行することを余儀なくされた。他国と情報を共有しつつ、独自の対処法を迫られる中、弱者、特に外国にルーツを持つ移住者や労働者といったマイノリティは、社会的に冷遇され、あからさまな差別を受ける結果となった。アメリカでは罹患者の多くが黒人であったことは、偶然ではない。ヨーロッパでも多くの移民が犠牲となった。

　新自由主義に代表される公的ディスコースが、マジョリティ・マイノリティが協調し合う多文化「共生」ではなく、マジョリティが自己本位の多文化「搾取」という方向に向いてしまっている。利便性・効率性を求める傾向が、人々の視野を歪めてしまった。そして、これまでは人の国際移動がもたらす可能性と課題が議論されてきたのに対して、今回の一連の状況を受け、人の国際移動が止まった時に起きる新たな社会変容や課題について考える必要性

が生じている。そこでの多様性は、自国民と他国・地域から来た人々との間の多文化共生のみならず、既存の一つの国や社会の中にある多様な価値観がぶつかり合う要素も含み、多文化共生をこれまで以上により多角的に捉える必要性を提起している。いわば、現代では様々な文化をルーツとする人々との交流を活性化すると同時に、新たな課題が浮上しているのである。本章では、日本において真の多文化共生を実現するために望まれる教育政策を、言語教育・国際教育の視点からマクロ的に考察し、敷衍する。

2. 言語教育

2.1　北米・南米の事例

2.1.1　カナダでの日本語保持

　第1章で、新自由主義について言及した。そこで、社会的に価値のない言語、すなわち言語資本（Bourdieu, 1986）とみなされない言語については淘汰される傾向にあると講じた。それでも、母語保持に努める家庭がある。博士論文執筆の際、カナダで日本語保持に勤しんでいた5家庭を訪問し、質的データを収集した。その結果、社会的需要はなくとも、日本生まれ日本育ちの親は意思の疎通のために、日本語を使って子どもたちと接していた。皮肉にも家庭の外では英語、家庭では日本語というはっきりとした境界線のお陰で、子どもたちは日本語と英語を習得し、見事に使い分けていた（Sakamoto, 2000, 2001）。ただ、家庭での意思の疎通が継承語教育の一番の動機だとすれば、リテラシー能力には必ずしも注力されない。どうしてもコミュニケーション偏重となり、結果読み書き、特に家庭内では必要とされない漢字学習や敬語習得がおざなりになっている実態があった。また、日本人の親に育てられる外国生まれ・外国育ちの子どもたちはバイリンガルに育つものの、その後の世代では日本語に依存する必要もなくなり、自然と日本語使用が現地語の使用に代わる傾向にある。これを言語シフトと呼び、結果言語喪失を招く（Fishman, 2001）。英語はあまりにも権力を持つ言語であり、結果他の言語習得・保持の妨げとなっている実態がある。

2.1.2　ブラジルでの日本語保持

　しかし、公用語が英語ではないブラジルを訪問した際、大変驚いた。日系2世だけでなく、3世、4世と日系人でも日本語リテラシー能力を持つ人が珍しくなかったためである（Sakamoto & Matsubara Morales, 2016）。北米と違い、日系人集住地域が存在し、そこに暮らす人々は、現地の学校に通うまで完全に日本語で生活しているケースが目立った。また、ブラジルでは学校は半日で入れ替わり制なため、半日は現地でポルトガル語での教育、もう半日は日本語での教育を受けることができたのも、日本語学習を継続する上で重要な要因であっただろう。また、南米においてブラジル以外の国の公用語はポルトガル語ではなくスペイン語であり、ポルトガル語の利便性は国内に限られるのも大きい。ブラジルの公用語であるポルトガル語は、確かにブラジル社会で生きていく上で必須ではあるが、ブラジル人の多くは英語やスペイン語の利便性を認識している。

　北米では、日本人集住地域の居住者は駐在家庭であることが多く、日本への帰国を前提とした人々であり、全日制の日本人学校がある地域も多いため、現地校に通わない子どももいる。現地校に通っている場合は、日本語学習は週に1回の補習校などに委ねられることになる。日葡バイリンガルと比べて、日英バイリンガルは、海外で居住している場合、余程の理由がない限り英語への言語シフトが起こりやすいと言える。

2.2　バイリンガル話者

　言語学的見地から言及すると、継承語話者の発音は、外国語や第二言語学習者よりもはるかに上手く、母語話者と遜色ない、という報告がされている（Polinsky, 2020）。しかし、それが読み書き能力となると話は別で、母語話者は使用しないような文法や不自然な表現が露呈する。また、複雑な構文や語彙は習得が遅れるかというと必ずしもそうではなく、やはり頻出度や特徴により、その習得度が変わってくるとされる。頻出度が高く、顕著な特徴があるものほど習得される傾向が強い（Polinsky, 2020）。また、発音でさえも、細かく分析してみると、母語（L1）と第二言語（L2）の発音の差異がそれほ

ど顕著でない場合は、片方に寄った発音をしているという。すなわち、バイリンガルのL1とL2はそれぞれ別々の、隔絶された言語システムではなく、一つの言語体系から成り、必要に応じてその場面で最も適切と思われるものを取捨選択して使用しているという。この現象は、トランスランゲージング（translanguaging）（Garcia & Li Wei, 2014）と呼ばれる。トランスランゲージングは、二言語の融合だけでなく、概念的な融合も示唆する。よって、同じ語彙でも、バイリンガルの理解とモノリンガルの理解は若干ずれが生じていると言える。バイリンガル＝モノリンガル×2という単純な図式にはならないのだ（Grosjean, 2012）。そして我々は言語を介して世界観を構築しているとすれば（第1章参照）、バイリンガルの世界観は独特のものだと言えよう。単一民族の、単一的な世界観に依拠せず、複雑で流動的なものとする新たな世界観・価値観の創出は必然であり、だからこそ素晴らしく、同時に意思疎通を困難なものとする。

2.3　社会における多言語化

　トランスランゲージングの概念の下、従来の、モノリンガルの言語能力を基準にバイリンガルの能力を測定することは不公平であると主張する学者も出てきた（Flores, 2019）。バイリンガルは二言語を包括的に一つのシステムとして捉え、駆使している現状があるのに、教育場面などでは片方の言語でしか評価されないことを問題視しているのだ。トランスランゲージング推奨派が、バイリンガル特有の言語の独立性・特徴を主張したいのは理解できるが、かといってL1でもL2でもない、L1とL2が融合された言語習得・使用を看過し、社会に迎合を求めるのは理想にしか過ぎない（Kubota, 2016）。常時日本語と英語を混ぜて使用する人に対する社会的評価は高くはないだろう。結局、どちらかの言語において個人が評価されるわけであり、ならばせめて一つの言語が母語話者レベルに達していることが望まれる（Sakamoto & Saruhashi, 2018）。

　社会では、多言語・多文化社会を反映させようと様々な試みが施されている。例えば、従前は日本語の説明しか掲載されていなかったウェブサイトでも、今では日英バイリンガルの情報提供をしているところが増えてきた。海

外のウェブサイトでは、ヨーロッパ言語だけでなく、アジア諸国の言語に対応しているサイトも増加している。しかし、これが本当に包含的な多文化社会が構築されつつあるという結論には必ずしも至らない、とKelly-Holmes（2019）は警鐘を鳴らす。Kelly-Holmes（2019）によると、モノリンガルからマルチリンガルという流れだけでなく、さらに近年ハイパーリンガル、イディオリンガルという流れができていると言う。モノリンガルは、一言語のみ（一般的に英語、もしくは現地の公用語）、マルチリンガルは英語やフランス語、中国語など主要言語のみ、ハイパーリンガルは諸々の言語も含み、イディオリンガルはハイパーリンガルをさらに個人のニーズに合わせた言語提供だと言う。個人に合わせた言語提供は、外国語ができない人にとってはありがたいサービスであろう。しかし、こうした一見手厚いサービスは、多文化化や他言語習得を阻止し、個人から国際参加の機会を奪い、結果孤立させている実態があるとKelly-Holmesは指摘する。自分の言語しかできない人は、それで事足りるからであり、いつまでも自分の言語の範囲でしか活動できなくなってしまう。また、マジョリティによって取捨選択された情報を享受しても、逆にこちらから発信することは難しくなる。すなわち、一方向に、先方（マジョリティ）が選んだ情報だけを頼りに生きていくことになる。表向きは日本語の発信だとしても、根底にあるのは英語を介したイデオロギーであり、結果抑圧されることとなり得る（Sakamoto, 2021）。このように、その人の活動範囲を狭めている要因の一つとなっているのがイディオリンガリズムだと言うのだ。こうして多文化どころか、世界は逆にどんどん単一文化化の道を辿っていると理解できる。2020年の世界的疾病の拡大で、人々の物理的な往来は制限されたが、国際化は進み、インターネットなどを通じて、人々の情報共有は止まるどころか活発化・加速化した。しかし、その内容・操作は一部の集団に独占され、外在者はそれに依存することとなっている。幸いにもパソコンやインターネットにアクセスがあり、英語で情報収集できる人たちは、種々多様な情報にアクセスできるだけまだましで、インターネット・インフラが整備されていない人、英語ができない人は情報共有のループから大きく外されることを意味する。

　このことから、日本人に英語は不要というのは論外で、今でこそ英語を習得することが求められる。しかし、それはただ単純に英語に堪能になることだけではなく、英語の世界の中で日本人・日本文化・日本社会がどのように定義・位置づけされているのかを批判的に把握しつつ、日本からの目線・価値観からの発信を実現するために必要なものだということは明白だ (Sakamoto, 2021)。それは、一方的に日本人の価値観を他者に押し付けよう、という意味でももちろんない。国際社会で、先方の意図を理解し、またこちらの見解を理解してもらうという折衝の中、英語力は必須だと言わざるを得ない。情報共有が一方的なものになってしまったら、真の交流・相互理解は難しい。より民主的な、相互理解・尊重が育まれる世界を構築するのならば、多くの人々による活発なディスコースのやり取りが望まれ、それを実現するには英語に依存するしかないのが現状である。

　「郷に入っては郷に従え」は外部から来た異邦人に対しての常套句であり、日本でもしばし「外国人」に向けて発せられる。しかし、人々の交流が複雑化・活性化されるにつれ、日本社会は国際社会の影響を多大に受け、世界規模の疾病の拡大や環境汚染、貧困など、一国単位で対応できるスケールをはるかに超えてしまっている中、日本は国際社会の一員として貢献することが求められている。それを実現させるには、従前日本にはなかった「異質なもの」をすぐ排除するのではなく、真摯に対峙し、理解するよう努めることが望まれる。それには、批判的思考並びに英語力が必要だと言えよう。それを実現する上で、次節で述べる「持続可能な開発目標（Sustainable Development Goals：SDGs）」の枠組みと、そのもとにある持続可能な開発のための教育（Education for Sustainable Development：ESD）を介して知見をつないでいくことが求められる。

3. 国際教育

3.1　日本の事例

　社会において多様性をいかに考慮するか、その必然性と方策については、

日本社会においても近年様々なかたちで議論されるようになっている。第2章で多民族社会マレーシアの事例について述べたように、独立以来、多民族社会の統合と発展の中心であり続けてきた国語政策と国民教育政策は、グローバル化と国際化の中でその位置づけを大きく変え、国語と英語のバイリンガル教育政策をめぐり、政治的マジョリティであるブミプトラと、非ブミプトラのマイノリティの間の国語政策をめぐる二項対立的な関係には変化が生じている。英語教育政策は、現状のマレーシアにとって、対外政策や技術開発、外国人労働者受け入れ政策といった、人や情報の流動性を進める上で必要不可欠な施策として展開されているのである。

　日本とマレーシアでは、社会文化的背景は大きく異なるものの、多様性をめぐる議論において、社会経済状況をめぐる今日的背景は類似している。すなわち少子高齢化が急速に進む日本において、特に地域経済を支える人手不足が深刻化する中で、政府は、「外国人材を適正に受け入れ、共生社会の実現を図ることにより、日本人と外国人が安心して安全に暮らせる社会の実現に寄与する」（日本政府, 2018）という目的を打ち出している。この方針は、政府の成長戦略の中で「外国人材の活躍推進」として位置づけられているものであり、2018年の入管法改正とともに「外国人材の受入れ・共生のための総合的対応策」（以下、「総合的対応策」という）として策定され、その後2019年、20年と2度の改訂を経て今日に至っている。「総合的対応策」では、生活者としての外国人に対し、①暮らしやすい地域づくり、②生活サービス環境の改善、③円滑なコミュニケーションの実現、④外国人児童生徒の教育等の充実、⑤留学生の就職等の支援、⑥適正な労働環境等の確保、⑦社会保険への加入促進等、を挙げている。

　この方針を受け、今後の取り組みとして、特に教育分野に期待されているものは以下のとおりである。第1に留学生等の国内就職の促進及び就職後の活躍促進ということがある。ここには、経済団体や企業、大学等に対して外国人留学生の採用や入社後の活躍に向けた支援が含まれ、大学と労働局（ハローワーク）の間での留学生の連携強化による就職支援や「外国人在留支援センター」における外国人への対応、情報提供などが含まれる。2020年11

月に上智大学が「ハローワーク新宿」との間で全国で初めて結んだ「外国人留学生の就職支援のための連携協定」はその具体例である。第2に教育プログラムの充実が挙げられる。具体的には大学が企業等と連携して策定する留学生の国内就職促進のためのプログラム認定制度や、「留学生30万人計画」の検証と留学生受け入れに関する今後の施策の検討がある。第3に、入国・在留管理制度等の見直しと周知が挙げられる。ここには、「外国人起業活動促進事業」の利用普及に加え、本邦大学等を卒業した外国人を対象とする、起業活動のための在留資格「特定活動」も含まれる。

3.1.1　日本語教育

　こうした一連の施策の中でも、特に鍵となるのは日本語教育の機会の確保や教育の質向上のための施策である（第1章3節参照）。外国につながる子どもたちに対する日本語指導等の支援充実は、従来からの課題であったが、2019年6月には「日本語教育の推進に関する法律」（令和元年法律第48号）が公布・施行された。日本語教育推進の目的としては、共生社会の実現、諸外国との交流、友好関係の維持・発展に寄与することが挙げられ、国及び地方公共団体は日本語教育推進施策を総合的に策定・実施し、必要な法制上・財政上等の措置を講ずる責務があり、あわせて関係省庁・関係機関間の連携強化がうたわれた。

　政府によって示された「日本語教育の推進に関する施策を総合的かつ効果的に推進するための基本的な方針」（令和2年6月23日閣議決定）によれば、その内容は以下のとおりである。第1に国内における日本語教育の充実として、幼児・児童・生徒等、留学生、被用者等、難民を対象に、日本語教育並びに地域日本語教育機会の拡充を図る。ここには、日本語指導に必要な教員定数の義務標準法の規定に基づいた改善、日本語指導補助者・母語支援員の養成・活用、就学状況の把握・指針策定等による就学機会の確保、留学生の国内就職のための日本語教育、教材開発や研修等による専門分野の日本語習得支援、地域日本語教育の体制づくり支援、自習可能な日本語学習教材（ICT教材）の開発・提供等が含まれる。第2に海外における日本語教育、すなわ

ち海外在留邦人・移住者の子等に対する日本語教育を拡充し、日本語教育専門家等の派遣、教材開発・提供、海外の日本語教育機関への支援、海外在留邦人の子等に対する日本語教育の実態把握と支援、在外教育施設への教師派遣等を図る。第3に日本語教育の水準の維持向上を実現するために、日本語教育機関の教育水準の維持向上及び日本語教育機関に対する指導・積極的な実地調査、日本語教師養成研修の届出義務化等が挙げられる。この3つめの点は、日本語教師の資質向上を目指して教師の資質・能力を証明する資格の制度設計や人材養成カリキュラム開発・実施とも関係しており、あわせて、日本語学習・教授・評価のための枠組み「日本語教育の参照枠」の検討や作成、同参照枠に基づいた「日本語能力判定基準」の作成と日本語能力試験を行うとしている。さらにこうした基本方針は5年ごとに検討を加える必要があるとしている。ここには、「高度な知識・技術を持つ外国人材を受け入れ、日本経済の生産性、イノベーションを加速させるとともに、外国人が円滑に共生できる社会を目指す」ことが政策として示されている。

3.1.2 「共生」のための教育施策

　日本語教育の支援拡充策に伴い、マジョリティとマイノリティの関係性から特に留意すべきことは2つある。第1は、日本語教育の拡充を図る際、マジョリティの言語である日本語を、マイノリティである「外国人」に日本社会で活躍してもらうために習得してもらうというスタンスで日本語教育を行うのではなく、「共生」を共通の目標として認識した上で、対等な立場から、日本語教育を必要とするそれぞれの文脈を踏まえて日本語教育の拡充策をとるという姿勢である。マイノリティの人々にとって、それぞれの母語の保持が、自分たちの歴史や文化、アイデンティティを支えるものとして、また次世代に伝えるべき文化の意味体系を支えるものとして大事な手段であることは言うまでもない。しかしながら、マイノリティにとっては、居住社会において生計をたて、コミュニティと「共生」していくための重要な手段もまた言語であり、それは母語ではなく、居住社会の言語であるという構図がある。このことは、多文化主義においてマイノリティの文化保持を論じる場合、文化

のルーツを支える母語の重要性が唱えられるのとは異なるストラテジーである。さらに言えば、ある個人にとって、居住や就労を目的に移動していくルートによって、言語の持つ意味は変容する（Sugimura, 2015）。日本社会においても、マイノリティが日本語を学ぶ際の視点と、日本語教育を実施するマジョリティ側の視点は必ずしも一致しているわけではない。充実した日本語教育の「支援拡充策」をとったとしても、それをマジョリティ側の目的からのみ実施することは、双方の理解と目的意識の共有を土台にする「共生」に向けての施策とはならないことを忘れてはならないだろう。

　第2の留意点は、こうした一連の施策の中にも明示されているとおり、「国民の理解と関心の増進」をいかに実現するかという点である。前節で述べた「『異質なもの』をすぐ排除するのではなく、真摯に対峙し、理解するよう努めること」が必要であるという点はまさにこの点においてである。第2章で述べたマレーシアにおいても、外国人労働者の誘致とそれに伴う英語の導入という英語教育政策の変容が、多民族社会に新たな多文化共生の問題を引き起こしていることを指摘した。「マレーシア教育改革計画2013-2025」では、都市部と地方の格差、社会経済的格差、ジェンダー格差など、様々な格差に関係なく教育を享受できるようにする（equity）とともに、共通の価値観や経験を共有し、統合（unity）の礎を築くことができるかということが目標として掲げられているが、そこでの要となるのも多様性を持つ他者をいかに理解するかという点にある。

3.2　持続可能な開発のための教育（Education for Sustainable Development）

　これに関連して国際教育が取り組む教育のあり方に「持続可能な開発のための教育（Education for Sustainable Development）」（以下、「ESD」という）がある。ESDは、幅広い地球規模課題、すなわち気候変動、生物多様性の喪失、資源の枯渇、エネルギー、貧困の拡大、減災・防災、人権、国際理解、平和、ジェンダー、福祉、平等、文化多様性など、人類の開発活動に起因し、環境や経済、社会の統合的な発展のための様々な課題を、自らの問題として主体

的に捉え、人類が将来の世代にわたり恵み豊かな生活を確保できるよう、身近なところから取り組む教育であり、問題の解決につながる新たな価値観や行動等の変容をもたらし、持続可能な社会を実現していく担い手を育てることを目指して行う学習・教育活動である。

　そもそも「持続可能な開発」概念は、1992年リオ・デ・ジャネイロでの「環境と開発に関する国連会議」（国連地球サミット）で提示された「環境と開発に関するリオ宣言」や「アジェンダ21」に起因する。その後、2002年の「持続可能な開発に関する世界首脳会議」（ヨハネスブルク・サミット）で、日本がESDという考え方を提唱し、同年の第57回国連総会決議により、「国連持続可能な開発のための教育の10年」（2005-2014年）が決まった。さらに2013年の第37回ユネスコ総会で採択された「持続可能な開発のための教育（ESD）に関するグローバル・アクション・プログラム（GAP）」（2015-2019年）に基づき、ユネスコを主導機関として国際的に取り組まれてきたものである。この間、2009年にはESD世界会議がドイツのボンで、また2014年には持続可能な開発のための教育（ESD）に関するユネスコ世界会議が名古屋市と岡山市で開催され、「あいち・なごや宣言」が採択されている。

　日本の学校教育におけるESDは、持続可能な社会の創り手を育むという点に主眼があり、持続可能な社会づくりを構成する「6つの視点」である①多様性、②相互性、③有限性、④公平性、⑤連携性、⑥責任性を軸に、課題解決に必要な「7つの能力・態度」を身につけることが目標とされている。それらは①批判的に考える力、②未来像を予測して計画を立てる力、③多面的・総合的に考える力、④コミュニケーションを行う力、⑤他者と協力する力、⑥つながりを尊重する態度、⑦進んで参加する態度であり、持続可能な開発に関する価値観（人間の尊重、多様性の尊重、非排他性、機会均等、環境の尊重等）と体系的な思考力（問題や現象の背景の理解、多面的かつ総合的なものの見方）、代替案の思考力(批判力)、データや情報の分析能力、コミュニケーション能力、リーダーシップの向上とも言い換えることができる。さらにこうした価値観や行動を育むために、ESDでは、単に知識の伝達にとどまらず、体験、体感を重視して、探求や実践を重視する参加型アプローチ

をとることや、活動の場で学習者の自発的な行動を上手に引き出すことが求められる。ESDで育まれるこうした価値観や態度は、外国につながる人々との多文化共生をどのように考えるかという課題にも必要とされるものであり、多文化社会における教育のあり方において、社会を構成するシチズンシップ教育との関連でも要となる（田中・杉村, 2014）。

　今日、ESDは2015年に開始された「持続可能な開発目標（Sustainable Development Goals）」（以下、「SDGs」という）のうち、目標4「すべての人に包摂的かつ公正な質の高い教育を提供し、生涯学習の機会を促進する」のターゲット4.7にも位置づけられている。同ターゲットは、「2030年までに、持続可能な開発のための教育及び持続可能なライフスタイル、人権、男女の平等、平和及び非暴力的文化の推進、グローバル・シチズンシップ、文化多様性と文化の持続可能な開発への貢献の理解の教育を通して、全ての学習者が、持続可能な開発を促進するために必要な知識及び技能を習得できるようにする」というものであり、多様性を尊重した社会の発展に貢献する人材の育成を企図している。今後、ESDは、2019年の第40回ユネスコ総会で採択されたESDの新たな国際枠組み「持続可能な開発のための教育：SDGs実現に向けて（ESD for 2030）」として展開されていくことになっており、2021年5月に開催された「ESDに関するユネスコ世界会議」においても「ベルリン宣言」としてこの方向性が確認された。日本においても、新学習指導要領において、全ての教育機関が取り組むべき対象として位置づけられたことから、今後これまで以上に取り組みが進むことが予想される。

　重要なことは、ESDが単に国際目標のキャッチフレーズとして取り上げられるだけではなく、具体的な対象と事象に関して持続可能な未来の実現のために現実に即した取り組みが行われるということであろう。ESDそれ自体は、前述のように実に様々な地球規模課題を内包するものであるが、マジョリティとマイノリティが協調し合う多文化「共生」の実現は、そうした目指すべき重要課題の一つであることは改めて強調するまでもない。そこでは、SDGsのターゲット4.7に明記されているとおり、「包摂的（inclusive）かつ公正な（equitable）」な教育であることが求められている。言い換えれば、

多様性の尊重と同時に、包摂性を実現し、かつ機会の平等（equality）だけではなく、結果までを含めた公正性（equity）を達成する必要があることが示唆されている。そのためには、ESDが掲げるように、人間の尊厳の尊重と包摂性を重視し、物事を相対的かつ多角的に見ることのできる批判的思考力、そしてそれを伝えるコミュニケーション力を育てる教育が求められている。

4. 人間の尊厳の尊重と包摂性を重視するために

　人々を尊重し、多面的・批判的な思考力を育てる包摂的で公正な教育を施すためには、他者の声に傾聴すべきだと考える。ナラティブ法やライフヒストリー（生活史）法など、質的研究法の中には人々の物語を集めることに注力するものがある。しかし、統計を中心とした量的研究と比べ、まだ質的研究法は歴史が浅いのもあり、人の語りを研究とみなさない風潮も根強い。しかし、数量データだけでは見えにくいものを拾い上げ、提示してくれるのが質的研究である。

　Blommaert（2013）は、社会が細分化され、超多様性（スーパーダイバーシティ；superdiversity）という概念の下、「〇〇人」と一括りにされてきた人たちの中に、様々な多様性が存在していると指摘する。コンテクストによって違ったアイデンティティが構築され、遂行される。このような複雑な現実を、量的に解明していくのは難しい。また、Blommaert（2015）は、社会をマクロとミクロの二極で考察するのには反対だとしている（p. 5）。これは、ミクロとマクロがそれぞれ独立しているのではなく、ミクロで起こることは必然的にマクロに依拠し、また同様にマクロはミクロに作用するからだ。本著第3部の事例は、社会のあり方と密接に結びついている。彼女たちの話から、社会の個人への作用を分析することこそ、現代社会において必要な研究だと考える。よって、本著は便宜的に第1部はマクロ、第3部はミクロ的考察となっているが、これはもちろんそれぞれが独立しているという考えからではなく、マクロとミクロの連携・相互作用を示唆している。第4部にある

ように、マクロを理解してミクロを、そしてミクロを理解してマクロを、と包括的な理解を促したい。

　我々は「人の話を聞く」という活動は日常的に行っているが、「じっくりと傾聴する」ということには意外と携わっていない。相手の語りを尊重し、真摯に耳を傾け、いわゆる「事実」が語られる内容と違ったとしても、それはそれで受け止め、その人の文脈に沿った理解をする、ということは慣れていなければなかなか難しい。しかし、差別は他者への無関心、無知、恐怖心、不安から派生するもの（Stephan & Stephan, 2000, p. 24）だとすると、まずは相手の心情・立場・訴えを聞くことから全てが始まるのではないだろうか。なんだそんなことか、と思われるかもしれない。しかし「そんなこと」さえもまともに実践されていないのが現況であり、警鐘を鳴らしたい。

5. おわりに

　国際化が進む中、多様性や多文化共生が推奨されているが、実際には他者との共存は従来の強圧的な管見にとらわれている限り実現するのは困難である。これはいわば我々の多様性に対する認識を再度問うことが求められる。それは、マジョリティ側の特権の放棄を必然とするかもしれない。しかし、社会的紐帯は、片方が従前通りの優遇された生活を営み、もう片方には順応する責任を一方的に押し付け、社会的残滓をあてがうことで創出できるものではない。他者を搾取の対象とみなしている限り真の多文化共生は実現し得ない。「抑圧されるマイノリティ」ではなく、「マジョリティに比肩する人々」とマジョリティが共に活況を呈する社会を構築することこそが、望まれる多文化共生の形だろう。それにはマジョリティ・マイノリティ双方の、お互いに対する理解・尊重・称揚が不可欠となるのは言うまでもなく、まずはお互いの声を拾い、傾聴する必要があろう。

参考文献

アルジュン・アパデュライ（著）門田健一（訳）（2004）『さまよえる近代：グローバル化の文化研究』東京：平凡社

田中治彦・杉村美紀（編）（2014）『多文化社会におけるESD・市民教育』東京：上智大学出版

日本国政府（2018）「外国人材の受入れ・共生のための総合的対応策」
http://www.moj.go.jp/isa/content/930004288.pdf

日本国政府（2019）「日本語教育の推進に関する法律」（令和元年法律第48号）

日本国政府（2020）「日本語教育の推進に関する施策を総合的かつ効果的に推進するための基本的な方針」（令和2年6月23日閣議決定）

Blommaert, J. (2013). *Ethnography, superdiversity and linguistic landscapes: Chronicles of complexity*. Bristol, UK: Multilingual Matters.

Blommaert, J. (2015). *Durkheim and the Internet: Sociolinguistics and the sociological imagination*. London, UK: Bloomsbury.

Bourdieu, P. (1986). The forms of capital. In J. F Richardson (Ed.), *Handbook of theory of research for sociology of education* (pp. 241-258). New York, NY: Greenwood Press.

Fishman, J. A. (2001). *Can threatened languages be saved? Reversing language shift, revisited*. Clevedon, UK: Multilingual Matters.

Flores, N. (2019). From academic language to language architecture: Challenging raciolinguistic ideologies in research and practice. *Theory into Practice, 59*(3), 22-31.

Garcia, O., & Li Wei. (2014). *Translanguaging: Language, bilingualism and education*. Hampshire, UK: Palgrave Macmillan.

Grosjean, F. (2012). *Bilingual: Life and reality*. Cambridge, MA: Harvard University Press.

Kelly-Holmes, H. (2019). Multilingualism and technology: A review of developments in digital communication from monolingualism to idiolingualism. *Annual Review of Applied Linguistics, 39*, 24-39. doi: 10.1017/S0267190519000102

Kubota, R. (2016). The multi/plural turn, postcolonial theory, and neoliberal multiculturalism: Complicities and implications for applied linguistics. *Applied Linguistics, 37*(4), 474-494.

O'Sullivan, M. (2019). *The levelling: What's next after globalization*. New York: Public Affairs.

Polinsky, M. (2020). *Heritage language and their speakers*. Cambridge, UK: Cambridge University Press.

Sakamoto, M. (2000). *Raising bilingual and trilingual children: Japanese immigrant parents' child-rearing experiences*. Doctoral thesis, OISE/UT.

Sakamoto, M. (2001). Exploring societal support for L2 learning and L1 maintenance: A socio-cultural perspective. *Australian Review of Applied Linguistics, 24*(2), 43-60.

Sakamoto, M. (2021). The missing C: Addressing criticality in CLIL. *International Journal of Bilingual Education and Bilingualism*, https://doi.org/10.1080/13670050.2021.1914540

Sakamoto, M., & Matsubara Morales, L. (2016). Ethnolinguistic vitality among Japanese-Brazilians: Challenges and possibilities. *International Journal of Bilingual Education and Bilingualism, 19*, 51-73.

Sakamoto, M., & Saruhashi, J. (2018). Exploring concepts in translanguaging: An alternative view. *Sophia Linguistica, 67*, 59-68.

Stephan, W. G., & Stephan, C. W. (2000). An integrated threat theory of prejudice. In S. Oskamp (Ed.), *Reducing prejudice and discrimination* (pp. 23-45). New York: Psychology Press.

Sugimura, M. (2015). Roles of language in multicultural education in the context of internationalisation. *Educational Studies in Japan, 9*, 3-15.

第2部

特権の可視化
日本人に向けた意識化への
働きかけ

第4章 「特権」の概念
北米社会と白人特権の考察

出口　真紀子

1. はじめに

　これまで北米における差別や社会的不平等に関する研究は、偏見を持つ人間の「性格」や「性質」に焦点があてられ、「偏見を持ちやすく、差別行為を行いやすい人はどういうタイプか」といった、差別が個々人の性格や人格に起因することを前提とした問いが立てられてきた。1980年代に入ると、社会から差別や偏見が一向になくならない状況を踏まえ、差別の原因は社会的な規範にあり、差別的な社会で育つと誰もが必然的に差別者になることから逃れられない、という理解が受け容れられるようになった（Kite & Whitley, 2016）。そのような流れの中、マイノリティ性を持つ人々が差別によって受ける心理的な被害・ストレスなどの研究がカウンセリング心理学の分野で増える一方で、マジョリティ性を持ちながら差別をする側の心理に関する問いはなかなか立てられなかった。1980年代後半から、マジョリティ側が受ける恩恵または特権（労なくして得る優位性）が、少しずつ注目されるようになった（Wise, 2004; Goodman, 2011; McIntosh, 1989）。

　その流れに大きく貢献したのは、白人特権（ホワイト・プリビレッジ）という概念を白人アメリカ人女性のペギー・マッキントッシュが紹介したことで（McIntosh, 1989）、白人という人種的集団に属していることで自動的に付与される様々な恩恵が実在することと、恩恵の具体例を可視化した。白人の多くは自分たちが「白人」という人種的集団の一員であるという意識はなく、あくまで自分は「個人（individual）」だ、という認識でいるため、白人特権という概念自体が、実は白人は人種というカテゴリーに属さない「個人」で

73

はなく、白人という人種的集団の一員であることを気づかせる要因となった。

　本章では、特権に関する「気づき」及び特権に関する心理学的研究の歴史的背景、一般市民向けの書籍の普及の背景、及び、白人特権にまつわる尺度開発の試みについて紹介する。

2. 特権の概念と事例

　日本ではまだあまり馴染みのない「特権」という単語は、英語の「プリビレッジ（privilege）」の訳語で、「特別の権利。ある身分・資格のある者だけがもっている権利」または「特定の職務にある者が、その職務の故に与えられている特別な権利。例えば外交官特権など」と定義されている（三省堂大辞林第三版）。日本では、「学割が使えるのは学生の特権だ」「お酒が飲めるのは大人の特権だ」、また、国会議員の不逮捕特権（国会会期中は逮捕されないなど）といった使い方が一般的である。つまり、使い方に共通しているのは「一時的」な立場・役割で自動的に恩恵を受ける、または努力等によって得た職務による権力という点である。しかし、アメリカの社会的公正（social justice）や反人種差別運動の文脈で広まった特権の概念は「あるマジョリティ性のアイデンティティを有した社会集団に属することで、労なくして得られる優位性」と定義されている（McIntosh, 1989）。持って生まれた「属性」（性別、人種・民族、社会階層、性的指向、性自認等）すなわち「アイデンティティ」によって自動的に受ける恩恵であり、原則として努力によって得たものではない、という認識の上に立つ。本章では社会的公正の文脈での「特権」について掘り下げていく。

　特権は持っている側が自分の持っている特権になかなか気づけないという特徴がある。例えば大卒の両親のもとに生まれた子どもが「大学に行くのは当たり前」とされる環境で育つことで大学生になった場合、大抵は「自分が受験勉強をがんばったから合格し、大学生になれた」と本人の努力と能力が合格の要因だと語ることが多いが、実は自分では気づいていない親の経済的基盤、安定的な家庭で勉強に集中できる環境、塾や予備校などの指導があっ

た、など本人の努力以外で優位だったことが多くあるはずである。イメージしやすい比喩としては「自動ドア」がある。自動ドアは透明なガラスでできていることが多く、人を検知すると自動的に開く。特権を多く有している側の人すなわちマジョリティ性を多く持った人は目的地に向かって進もうとしたとき、自動ドアが常に開いてくれるので、ドアの存在自体をほとんど意識せずに目的地に辿りつける。ドアがその都度開いてくれることでますますドアの存在を意識しなくなり、特権があるということに気づかない。また、多くの人は同じような特権を持った人たちの集団にいることが多く、周りもみな自動ドアが開いてくれるので、ますます「当たり前」であると思う。だが、特権を持っていない側の人すなわちマイノリティ性を多く持った人には自動ドアが開かないことが多い。自分に特権がないことに気づくと同時に、他の人に対してはドアが開いている様子を見ることで、「差別」に気づきやすい立場にいる。たまに前の方に進んだ人が、後ろの方で中々進めずにいる人に対して、善意で「そんなところで何をしてるの、早くこっちにおいでよ！」と呼びかけたとしても、マイノリティ側の人は構造的・制度的・文化的な障壁のせいで辿り着けない。特権を有している側は、そうした構造的・制度的・文化的な障壁に気づいていないゆえに、なぜ遠く後方にとどまったままでいるのかが理解できない。こうした形で、ますますマジョリティ側とマイノリティ側の世界観についてのギャップが生じるのである。

3. 特権のある側からの「気づき」の共有：
アメリカの文脈において

　そもそも特権という概念が広まったのは、ペギー・マッキントッシュという、アメリカのアングロサクソンのエリート階級出身の白人女性が1988年に発表した『白人特権：見えないナップサックをあけてみる』がきっかけである。この短いエッセイは、アメリカ社会の白人にとって初めて人種的特権を突きつけられる体験となった。彼女が白人特権として挙げたのは、「テレビをつけ、新聞の一面を開くと、自分と同じ人種の人が大きく出ている」「私

75

は、社会の中で"部外者"として見られることなく、自分の国の政府や、その政策や措置に対して堂々と批判することができる」といったことだ。一見「当たり前」や「何気ない」ことでしかないように見えるが、実はこうした「当たり前」がいかに優位に働くかについて、特権を持っている側は過小評価しがちなのである。McIntosh（1989）はさらに、「……白人である私は、人種差別というものは他人を不利な立場にするということは教えられてきたが、その裏返しである自分を有利な立場にするということについては教わらなかった」(p.12)と書いている。差別と特権は表裏一体であるにもかかわらず、権力を持っている側は権力があることを公に認めると格差が明確になるために、こぞって気づかないように結託する。マッキントッシュが自らの白人特権に気づけたのは、唯一ジェンダーにおいてマイノリティ性（女性）を有していたことが大きく関与していたと思われる[1]。マッキントッシュのエッセイが広く普及したことが皮肉なのは、同じことつまり白人には人種的特権を有していることをマイノリティ側も昔から訴え続けてきたことである。マジョリティ側の人間が語ることでマジョリティ側は初めて聞く耳を持ち、それを真摯に受け止めることができること自体、白人がいかに優遇されているかを示している。白人というマジョリティの一員であることにより、マッキントッシュの立場は「中立的」、「客観的」とみなされ、彼女の主張に信頼が置かれたことが見てとれる[2]。

　マッキントッシュに続き、多くの白人女性が白人特権に注目し始めるが、その背景には、1974年に設立されたコンバヒー・リバー・コレクティブ（Combahee River Collective）という黒人レズビアン・フェミニストによる団体が発行した『Combahee River Collective Statement』を含む様々な刊行物がある。その中では、「私たちが大きな関心を寄せ、公に取り組み始めたのが、白人女性によるフェミニズム運動における人種差別です。黒人フェ

1　マイノリティ性がアイデンティティの中で一つでもあると、特権について自覚しやすいと考えられている。
2　人種的マイノリティの人々は白人に人種的特権があるということに長らく気づいていたが、マジョリティ側はマイノリティ側のことを知ろうとしないため、また偏った思考をしていると思っているため、声が伝わらない。

76

ミニストとして私たちは、白人女性が自分たちの人種差別意識を理解し、それに対抗するための努力をほとんどしていないことを常に痛感しています。白人女性によるフェミニズム運動における人種差別をなくすことは、本来、白人女性が自分たちですべきことなのですが、私たちはこの問題について彼女たちの責任を追及し続けます。」(p. 26-27) と括られている。

　マイノリティ性を多く持ったメンバーから成るコンバヒー・リバー・コレクティブは、インターセクショナリティ（交差性）という言葉こそ使っていないが、様々なマイノリティ性の交差性を分析の枠組みとして語り始めた最初の人々であった。彼らは白人女性によるフェミニズム運動に、人種の問題を突きつけることで大きな影響を及ぼした (Chow, 2000)。マッキントッシュも白人フェミニストであるが、自分自身の白人特権に気づくきっかけになったのはコンバヒー・リバー・コレクティブの存在だと語っている[3]。このコンバヒー・リバー・コレクティブは、人種、ジェンダー、社会階級といったアイデンティティの中でマイノリティ性・マジョリティ性を持つことの影響を問題化し、過去の黒人男性主導の公民権運動や、白人、シスジェンダー、中流階級の異性愛者女性が主導したフェミニズムを批判した歴史的に重要な存在である。

　そのような中、ルース・フランケンバーグ（Ruth Frankenberg）というユダヤ系の白人女性の社会学者が、白人女性に白人性や人種差別についてインタビューした質的調査を基に書いた『White women, race matters: The social construction of Whiteness』[4] (1993) という本を出版した。フランケンバーグは、アメリカの学術界でも「白人女性フェミニストが人種差別的であることに向き合っていない」という非白人女性フェミニストからの批判に対して、白人女性側がまともに応えることが全くできていない様子に戸惑いを感じていた。彼女自身、人種的マイノリティの仲間の中で、白人という人種としての

3　McIntosh も Combahee River Collective もマサチューセッツ州のボストンに拠点があったことも関係がある。

4　『White women, race matters: The social construction of Whiteness』(1993) は邦訳されていないが、タイトルを訳すと「白人女性、人種は大切だ：白人性の社会的構築」となる。

自分の立ち位置についてどのように考え、行動すれば良いのかについて模索していた。白人側の抑圧的な態度や人種差別的な言動、社会構造自体が白人優位であること、人種差別に対する無自覚性を批判された際、それに対して、白人側が否定したり、取り合わなかったり、沈黙したり、怒りを露わにしたりする場面を数多く目撃した。また、多人種の人々が協働し合おうと始まったプロジェクトは人種間の対話がうまくできず（いわば白人側がうまく対話できず）、後味の悪い形で空中分解した事例を見てきたことがこの調査につながった。

　マッキントッシュとフランケンバーグが類似している点は、フェミニストとして、男性も女性と同じようにジェンダー化されるように、白人も黒人や他のマイノリティと同様に人種化（レイシャライゼーション）のプロセスを経る、という認識があったことだ。フランケンバーグの研究で、いかに白人フェミニストの女性たちの中で、しかも中には性的マイノリティもいたにもかかわらず、白人性について語る言語がなかったかが明らかになった。フランケンバーグが『White Women, race Matters』でインタビューした白人女性たちは、当初、自分が人種に関心を持っているとは思っていないと示唆しているが、インタビューが進むにつれて、参加者たちは自分たちが異なる文化的背景を持っていることを語り始めた。フランケンバーグは、「人種を認識している」参加者と「カラーブラインドネス」[5]を実行している参加者がいることを示し、参加者が自分の人種と向き合えるようになるには、アメリカは全ての人に機会均等な実力社会であるといった従来の規範から離れ、人種間に差異があることを認めなければならないと述べている。フランケンバーグの研究は今までつかみどころがないとされていた「白人性」に実体を持たせることに大きく貢献した。

　さらに、北米を中心に人種的特権を有している白人アメリカ人によるライフ・ヒストリーや経験・体験をもとにした自伝的著作が相次いで出版され

5　カラーブラインドネスとは、他人の人種を認識したり、指摘すること自体が人種差別だという考え方で、「人を肌の色で判断してはいけない」という考えを白人側が歪めた結果でもある。

た。その中でも白人男性が白人特権と向き合った書籍を紹介したい。『*White men challenging racism: 35 personal stories*』[6]（2003）では、編者のトンプソンらが35人の白人男性をインタビューし、人種的マイノリティと共に活動家として歩んできた人生についての語りを引き出している。年齢も26歳から86歳までと幅広く、出身も全米の各地からと多様で、彼らの活動の対象は、ラティーノ、アフリカ系、アジア系、ネイティブ・アメリカン系と幅広い人種・民族グループである。白人である彼らがどのようにして反人種差別の運動に関わるようになったのか、またその過程で彼らが経験した様々な失敗談や後悔も赤裸々に語られている。また、同時期に出版され、より広く読まれた白人アメリカ人男性の自伝『*White Like Me: Reflections on Race from a Privileged Son*』（Wise, 2004）では、著者本人がいかに白人であることで恩恵を受けてきたか、また自分自身がアクティビストになる過程について詳細に振り返っている。白人の立場から他の白人への教育の必要性を訴え、現在も白人特権への自覚を促す啓発者として知られている。

　2000年代初めには、教育書、特に白人特権に自覚的なダイバーシティや多文化共生教育のトレーナーなどによる書籍も多く出版されるようになった。グッドマンの著書、『*Promoting Diversity and Social Justice: Educating People from Privileged Groups*』（Goodman, 2001）[7]は、特権に無自覚な優位集団の人々に、特権への自覚を促し、どのように社会的公正（social justice）教育をしていくかに関する、教育者のための体系立ったノウハウ本となっている。2001年には、『*Taking It Personally: Racism in the Classroom From Kindergarten To College*』という書籍が、アン・バーラクとセカニ・モエンダによる共著で出版された。著者二人のうちバーラクは白人女性、モエンダは黒人女性で、教職課程の学部生に対して行った授業を綿密に分析している。中では、学生の白人教員に対する態度と、黒人のゲストスピーカーを招いたときのネガティブな反応などについて、学生が書いたリアクションペーパーのコメントや、教室内のディ

6　『*White men challenging racism: 35 personal stories*』（2003）は邦訳されていないが、タイトルを訳すと「白人男性が人種差別に対抗する：35人の物語」となる。
7　邦訳本は参考文献のグッドマン（2017）を参照のこと。

スカッションで語られた内容を分析しており、人種的マジョリティの教員の持つ特権が可視化されたと同時に、人種的マイノリティ教員への風当たりの強さがどのようなもので、いかにして起きるのかを浮き彫りにした。

2010年代に入り、『*Waking Up White*』(2014) の著者のデビー・アービングは、自身が白人の上流階級出身で、いわゆるアメリカ北東部に住む「リベラル」な白人アメリカ人として、社会化の過程で内面化した偏見や差別意識、優越意識を掘り下げ、「善意の」中流階級白人の立場から、様々な障壁を乗り越えて、白人特権に自覚的になり、啓発活動に携わるようになった経緯を語った。さらに、白人が白人の特権にどのように無自覚でそして社会にとって有害なのかについて、様々な分野において鋭い分析がなされるようになった。例えば『*Good White People*』(Sullivan, 2014) では、中流階級の白人で占められている「ホワイト・リベラル」という集団がとる様々な態度を指摘し、それらが「白人中流階級の善意（グッドネス）」を構成するとし、一見進歩的な形でマイノリティを支援しているように見えるが、実際は、制度的・構造的差別の解体や自身の持つ特権と向き合うことはせずに、自らが反レイシストであると証明することに重きが置かれていると指摘した。

近年で注目を浴びた書籍には『*White Fragility*』(Diangelo, 2018) [8] がある。ディアンジェロは白人が人種について指摘されたときに防衛的・否定的な態度になることをホワイト・フラジリティ（白人の心の脆さ）と定義し、怒り、恐怖、罪悪感といった感情や、自身を正当化しようとしたり、沈黙したりする行動を指摘している。こうした感情や言動は結果として、人種的不平等の現状を維持することに加担し、異人種間の意味のある対話の妨げになると鋭く突いた。

このように、白人という人種的に優位である側からの分析により、「白人特権」という概念が北米社会、特に学術界において浸透していった。そして、特権という概念が「人種」にとどまらず、ジェンダー（男性特権）、性的指向（異性愛者特権）、社会階級（社会階級特権）、身体・精神（健常者特権）などのカテゴリーにも広く応用されるようになった。

8　邦訳本は参考文献のディアンジェロ（2021）を参照のこと。

4. カウンセリング心理学の分野と人種的特権自覚教育

　一方、アメリカのカウンセリング心理学の分野では、人種的アイデンティティ発達理論の研究が80年代から90年代にかけて始められ、理論が多数発表された。人種的アイデンティティ発達理論が提示されたことのメリットとして、マイノリティが一枚岩ではなく、同じ人種・民族的集団の中でも多様性があり、それぞれが自分の人種との関係性において異なる段階にいることを示したことが挙げられる。

　最初のマイノリティの人種的アイデンティティ発達理論（Cross, 1971）では、アメリカの黒人に「黒人」という人種的アイデンティティが形成される過程を5段階 (1) 遭遇前（Pre-encounter）(2) 遭遇（Encounter）(3) 没頭・出現（Immersion-Emersion）(4) 内在化（Internalization）(5) 内在化・コミットメント（Internalization-Commitment）にわけて提示した。初期の遭遇前の段階では、自身の人種に対してネガティブな感情を抱いているという、心理的に不健全な状態で始まり、様々な葛藤を乗り越えて最終的には健全な自己観に到達する、となっている[9]。クロスは『*Shades of Black*』(1991) の中で、修正版を発表し、現在でも他の人種的アイデンティティ発達理論の原型となっている。その後、ラティーノ/ヒスパニック系アメリカ人の人種的アイデンティティ発達理論（Szapocznik et al., 1982; Bernal & Knight, 1993）や、アジア系アメリカ人のアイデンティティ発達理論（Ruiz, 1990）などの研究が相次いだ。

　人種的マジョリティ、つまりは白人の人種的アイデンティティ発達理論（Helms, 1990; Hardiman, 1982）の研究が進められたのは、80年代以降で、「白人」も人種の一つであり[10]、他の人種と同じように社会化の中で人種

9　Crossがこの理論を展開した歴史的背景には、1968年のキング牧師の暗殺とその後相次いだ抗議デモや暴動があった。多くの黒人の怒りが表出したことに対して、怒りは3段階目のImmersion-Emersionで重要な感情だが、一生そこにとどまるわけでなく、いずれは次の段階に進むことを強調した。

10　Helmsの『*A Race is a Nice Thing to Have: A Guide to Being a White Person or Understanding the White Persons in Your Life*』(1992)（邦訳：「人種があることはいいことだ：白人になるための、あるいは身近な白人を理解するためのガイドブック」）では、白人が「人種」という言葉に対して過敏に反応したり、ネガティブな感情を抱いていることに対して、人種に向き合うといいことがある、と訴えている。

化（racialize）されていく過程が明らかにされていった。ハーディマンはその博士論文で初めて「白人の人種的アイデンティティ発達理論」を発表した。クロスと同じ5段階の発達モデルで、(1) ナイーブ（naïve）、(2) 受容（acceptance）、(3) 抵抗（resistance）、(4) 再定義（redefinition）、(5) 内在化（internalization）である。つづいて、ヘルムズが1990年に発表した6段階からなる発達モデルでは、(1) 接触（Contact）、(2) 崩壊（Disintegration）、(3) 再統合（Reintegration）、(4) 見せかけの独立（Pseudo-Independence）、(5) 没頭（Immersion-Emersion）、(6) 自律（Autonomy）となっている。ハーディマンの理論と違いは見られるが、全体の流れは類似しており、初期の段階では「人種間に差はなく、皆同じ人間で、努力さえすれば成功できる」という特権に無自覚な状態で始まり、徐々に特権に気づき、それに抵抗したり、もがいたり、学び直しをしたりして、最終的には社会の不公正に対して行動を起こす、としている[11]。

　人種的マイノリティとマジョリティの人種的アイデンティティ発達理論がカウンセリング心理学の中で開発された背景には、カウンセリングを希望するクライアントが人種的マイノリティであった場合、ステレオタイプ的な見方に当てはめた形のカウンセリングをすることを防ぐため、非白人を一括りにしないよう促し、より個人の背景と状況に適切に対応したカウンセリングが施せるように教育するという目的があった。しかし、カウンセリング職は中流階級の白人が圧倒的多数のため、白人自身の人種的アイデンティティも同等に多様であり、より白人性に自覚的であることが重要視されるようになった。

　実際に白人の人種的アイデンティティの自覚度により、人種差別主義や対人関係における特徴を予測できることが研究で示されている（Sue & Sue, 2013; Burkard, Juarez-Huffaker, & Ajmere, 2003）。自分の白人性について無自覚であるほど、より多くの人種差別的言動が見られたこと、白人性における発達段階

11　必ずしも全員が最終段階まで行くとは限らない。むしろ、最後の段階まで行く白人とは自身の白人性と真剣に向き合い、人種的マイノリティ集団の中で自分の立ち位置に配慮しながら寄り添える「アライ」を意味し、実際は少数であると思われる。

が高いほど、より多文化カウンセリングの能力・適性が見られ、人種的マイノリティ集団に対して好意的であり、カウンセラーとクライアント間の治療関係が良好であることが検証された（Constantine, Warren, & Miville, 2005）。より成熟した対人関係と自身のウェル・ビーイング（健全性）は、白人アイデンティティへのより深い自覚に関連づけられている。そして最後に、集団として、女性の方が男性よりも白人性について自覚しやすく、人種差別主義者になる確率が低いことが示された。このような研究により、人種的アイデンティティ発達理論を測る尺度の妥当性や信頼性が検証されてきたのである。

5. 特権を享受している側の心理

グッドマンは、特権を持っている側の集団の特徴として、文化的・制度的な支配、正常性、優越性、及び特権を有していると述べ、特権集団の個人の特徴としては、特権があるという認識の欠如、社会的抑圧の現実を否定・回避、優越感と権利意識、自分に特権があるという認識に抵抗を示す等、認知的及び行動的な反応を挙げている（Goodman, 2001）。実際、白人が自分の特権に自覚的になる場合、強い心理的反応を示すことがあり、そうした情緒的、認知的、行動的反応をまとめて「白人特権の態度（white privilege attitudes）」と名付けている（Pinterits, Poteat, & Spanierman, 2009）。そのような「白人特権の態度」に関する実証的研究では、情緒面での「罪悪感」「恐怖」「怒り」などを挙げている。

白人特権が実在するという認識及び白人系アメリカ人が人種差別をする側だという認識は、罪悪感（ホワイト・ギルト；白人性に付随する罪悪感）に関連していることを示した研究者もいる（Iyer, Leach, & Crosby, 2003）。一方で、ホワイト・ギルトが、黒人アメリカ人に対する差別是正措置への支持を予測させることがわかった。

また、恐怖や不安に関して、物質的な利益の喪失の可能性、人種に基づく優位性の階層における下方移動の可能性、権力を失うことへの恐怖が、研究の中で確認されている（Neville, Lilly, Duran, Lee, & Browne, 2000）。また、人種

的マイノリティから拒絶されることへの恐怖（Jensen, 2005; Spanierman, Oh, et al., 2008）なども報告されている。白人特権に対する怒りの反応もまた、文献で確認されている。怒りは、白人特権を否定する防衛的な反応として概念化されており（Kivel, 2002; Spanierman, Oh et al., 2008）、D'Andrea & Daniels（2001）はこれを「白人の怒り」と名付けた。一方で、白人が非白人の犠牲の上に成り立った形で利益を得ていることを自覚した時に感じる怒りがある。このタイプの怒りは、社会的人種差別に対抗するための動機付けとなる重要な要因だとも考えられている（van Zomeren, Postmes, & Spears, 2008）。

　白人特権意識の認知的側面に関する研究の多くは、否定から批判的意識に至るまでの白人特権意識の連続性に焦点を当ててきた。この特権意識の連続性の範囲は、人種差別主義者のアイデンティティから非人種差別主義者の白人アイデンティティへの移行と、白人特権の放棄に基づく白人人種アイデンティティモデルの発展と類似している（Hardiman & Keehn, 2001; Helms, 1995）。マッキントッシュの白人特権のリストに対する、カウンセリング研修生の反応を質的に分析した結果、否定から特権の体系的な性質の認識までの広範囲の反応が認められた（Ancis & Szymanski, 2001）。

　白人の特権に対する行動的反応は、その存在について議論することの回避や不本意の表明から、白人の特権を解体しようとする意図や行動まで多岐にわたる（Rains, 1998; Pope-Davis, Vandiver, & Stone, 1999）。白人の特権に対する反応で頻出するのは、アパシー（無関心）で、議論することや他の学習機会に対して興味を示さない態度である。この反応は、対話への意欲の欠如（Titone, 1998）、及び議論からの離脱（Goodman, 1998）と関連している。回避は、白人の特権についての議論によって自らが脅かされていると感じることへの反応である可能性がある（Goodman, 2001）。また、白人特権の恩恵を受けることは意図的ではないと主張することで対話を回避することがある（Kivel, 2002）。一方で反レイシズムの活動に関心を示すことで、特権や抑圧に対抗する活動への不満や絶望感から解放されることを示唆する研究もある（Dei, Karumanchery, & Karumanchery-Luik, 2004）。白人の特権に対処するための行動には、人種差別的な言説やジョークを中断すること、非白人のコミュニティ

に対し敬意を持って話を聞いたり関わったりすること、特権と抑圧の力学についての教育を継続することなどが含まれる（Kivel, 2002）。

6. 北米における白人特権の態度にまつわる尺度の開発

　白人特権の態度の一次元的な側面を評価する3つの簡単な尺度が存在する。5項目の白人特権尺度（White Privilege Scale）（Swim & Miller, 1999）は、白人特権に関する認識と信念を評価する（例：「白人としての私の地位は、今日の社会において私に前例のない特権を与えている」）。カラーブラインド人種態度尺度（Color-blind Racial Attitudes Scale）（CoBRAS; Neville et al., 2000）の人種的特権の下位尺度は7項目により構成され、歪曲、否定、最小化といった白人特権に関する認知を評価する（例：「一生懸命働く人であれば、誰でも、どんな人種であっても、金持ちになるチャンスは平等である」）。特権と抑圧尺度（Privilege and Oppression Inventory）（Hays, Chang, & Decker, 2007）には、13項目からなる下位尺度の白人特権への自覚度（White Privilege Awareness）が含まれており、人種的優位性（例えば、「白人であることと優位性を持つことは密接な関係にある」）に対する認知を評価する。これらの尺度は、先行研究で良好な心理測定特性（すなわち、信頼性と妥当性の推定値）を示している。しかし、それぞれの尺度は、白人特権に対する態度の認知的次元（すなわち、白人特権に対する認識）のみを測定しているため、白人特権の態度に含まれる情緒的側面と行動的側面も考慮した、多次元的な性質を十分に把握しているとは言えない。こうした限界はあるが、特権を量的に測定する尺度を用いることで、より特権というものを可視化できるメリットがある。

　第6章では、日本人特権尺度の開発についての試みを紹介する。

7. 日本社会に示唆するもの

　本章では、特権の概念、白人特権に対する「気づき」及び特権に関する心

理学的研究の歴史的背景、白人特権を扱った一般書、及び、白人特権にまつわる尺度開発の試みについて紹介した。こうした歴史的背景から日本社会に示唆するものは、白人が白人特権への気づきを高めてきたように、単に日本人が自身の特権に気づくことの重要性だけでなく、白人たちが自分たちの特権に向き合うことの困難や葛藤が語られたライフ・ストーリーなどが多くあることである。邦訳されているものは少ないが、彼らが辿ったプロセスは、これから日本人特権と向き合っていく私たち日本人にとって非常に励まされるロールモデル的な役割を果たすであろう。米国でのコンバヒー・リバー・コレクティブのような、日本におけるマイノリティ集団からの糾弾にきちんと向き合えるだけの準備ができているかどうか、日本の人種・民族的マジョリティが問われている。

参考文献

ダイアン・J・グッドマン（著）出口真紀子（監訳）田辺希久子（訳）(2017)『真のダイバーシティをめざして：特権に無自覚なマジョリティのための社会的公正教育』東京：上智大学出版

ロビン・ディアンジェロ（著）貴堂嘉之（監訳）上田勢子（訳）(2021)『ホワイト・フラジリティ：私たちはなぜレイシズムに向き合えないのか?』東京：明石書店

Ancis, J. R., & Szymanski, D. M. (2001). Awareness of White privilege among White counseling trainees. *The Counseling Psychologist, 29*, 548-569.

Berlak, A., & Moyenda, S. (2001). *Taking it personally: Racism in the classroom from kindergarten to college.* Philadelphia, PA: Temple University Press.

Bernal, M. E., & Knight, G. P. (Eds). (1993). *Ethnic identity: Formation and transmission among Hispanics and other minorities.* New York, NY: SUNY Press.

Chow, E. N. (2000). Race/Ethnicity, Class, and Gender: Development of Theory and Research in the U.S. (ホーン川嶋瑤子, Trans.)「人種／エスニシティ、階級、およびジェンダー：アメリカにおける理論と研究の発展」、『ジェンダー研究』第3号、67-81頁

Combahee River Collective. (1979). "A Black Feminist Statement." In Z. R. Eisenstein (Ed.) *Capitalist Patriarchy and the Case for Socialist Feminism.* New York: Monthly Review Press, 66-67.

Constantine, M. G., Warren, A. K., & Miville, M. L. (2005). White racial identity dyadic interactions in supervision: Implications for supervisees' multicultural counseling competence. *Journal of Counseling Psychology, 52*(4), 490-496. https://doi.org/10.1037/0022-0167.52.4.490

Cross, W. E. (1971). The negro-to-black conversion experience. *Black World, 20*(9), 13-27.

Cross, W. E. (1991). *Shades of black: Diversity in African-American identity.* Philadelphia, PA: Temple University Press.

D'Andrea, M., & Daniels, J. (2001). Expanding our thinking about White racism: Facing the challenge of multiculturalism in the 21st century. In J. G. Ponterotto, J. Manuel Casas, L. A. Suzuki, & C. M. Alexander (Eds.), *Handbook of multicultural counseling* (2nd ed.) (pp. 289-310). Thousand Oaks, CA: Sage.

Dei, G. J. S., Karumanchery, L., & Karumanchery-Luik, N. (2004). *Playing the race card: Exposing White power and privilege.* New York, NY: Peter Lang Publishing.

Diangelo, R. (2018). *White fragility: Why it's so hard for white people to talk about racism.* Boston, MA: Beacon Press.

Frankenberg, R. (1993). *White women, race matters: The social construction of whiteness.* Minneapolis, MN: University of Minnesota Press.

Goodman, D. J. (1998). Lowering the shields: Reducing defensiveness in multicultural education. In R. C. Chaávez & J. O'Donnell (Eds.), *Speaking the unpleasant: The politics of (non)engagement in the multicultural education terrain* (pp. 247-264). Albany, NY: State University of New York.

Goodman, D., J. (2001). *Promoting diversity and social justice: Educating people from privileged groups.* London, UK: Sage.

Goodman, D., J. (2011). *Promoting diversity and social justice: Educating people from privileged groups. Second edition.* New York, NY: Routledge.

Hardiman, R. (1982). *White identity development: a process oriented model for describing the racial consciousness of white Americans.* (Unpublished doctoral dissertation). University of Massachusetts, Amherst.

Hardiman, R., & Keehn, M. (2001). White identity development revisited: Listening to white students. In L. W. Charmaine, & W. J. Bailey (Eds). *New perspectives on racial identity development: A theoretical and practical anthology.* New York, NY: NYU Press.

Hays, D., Chang, C., & Decker, S. (2007). Initial development and psychometric data for the Privilege and *Oppression Inventory. Measurement and Evaluation in Counseling and Development, 40*, 66-79.

Helms, J. (1990, 1993). *Black and White racial identity: Theory, research, and practice.* Greenwood Press.

Helms, J. (1992). *A race is a nice thing to have: A guide to being a white person or understanding the white persons in your life.* Hanover, MA: Microtraining Associates.

Helms, J. (1995). An update of Helm's White and people of color racial identity models. In J. G. Ponterotto, J. M. Casas, L. A. Suzuki, & C. M. Alexander (Eds.), *Handbook of multicultural counseling* (pp. 181-198). Thousand Oaks, CA: Sage.

Irving, D. (2014). *Waking up white, and finding myself in the story of race.* Adelaide, South Australia: Elephant Room Press.

Iyer, A., Leach, C. W., & Crosby, F. J. (2003). White guilt and racial compensation: The benefits and limits of self-focus. *Personality and Social Psychology Bulletin, 29*(1), 117-129. https://doi.org/10.1177/0146167202238377

Kite, M. E. & Whitley, B. E. (2016). *Psychology of prejudice and discrimination.* New York, NY: Routledge.

Kivel, P. (2002). *Uprooting racism: How White people can work for racial justice.* Philadelphia, PA: New Society Publishers.

McIntosh, P. (1988, 1989). White privilege: Unpacking the invisible knapsack. *Peace and Freedom*, July/August, 10-12.

Neville, H. A., Lilly, R. L., Duran, G., Lee, R. M., & Browne, L. (2000). Construction and initial validation of the Color-Blind Racial Attitudes Scale (CoBRAS). *Journal of Counseling Psychology, 47*(1), 59-70. https://doi.org/10.1037/0022-0167.47.1.59

Pinterits, E. J., Poteat, J. P., & Spanierman, L. B. (2009). The white privilege attitudes scale: Development and initial validation. *Journal of Counseling Psychology, 56*(3), 417-429.

Pope-Davis, D. B., Vandiver, B. J., & Stone, G. (1999). White racial identity attitude development: A psychometric examination of two instruments. *Journal of Counseling Psychology, 46*, 70-79.

Rains, F. (1998). Is the benign really harmless? Deconstructing some "benign" manifestations of operationalized White privilege. In J. L. Kincheloe, S. R. Steinberg, N. M. Rodriguez, & R. E. Chennault (Eds.), *White reign: Deploying whiteness in America* (pp. 76-101). New York, NY: St. Martin's Press.

Ruiz, A. S. (1990). Ethnic identity: Crisis and resolution. *Journal of Multicultural Counseling and Development, 18*(1), 29-40. https://doi.org/10.1002/j.2161-1912.1990.tb00434.x

Sue, D. W., & Sue, D. (2013). Racial/cultural minority identity development: Therapeutic implications. *Ch. 11. In Counseling the Culturally Diverse: Theory and Practice* (4th ed.). Hoboken, NJ: Wiley.

Sue, D. W., & Sue, D. (2013). White racial identity development: Therapeutic implications. *Ch. 12. In Counseling the Culturally Diverse: Theory and Practice* (4th ed.). Hoboken, NJ: Wiley.

Sullivan, S. (2014). *Good white people: The problem with middle-class white anti-racism. SUNY Philosophy and Race Series.* Albany, NY: State University of New York Press.

Spanierman, L. B., Oh, E., Poteat, V. P., Hund, A. R., McClair, V. L., Beer, A. M., & Clarke, A. M. (2008). White university students' responses to societal racism: A qualitative investigation. *The Counseling Psychologist, 36*, 839-870.

Swim, J. K., & Miller, D. L. (1999). White guilt: Its antecedents and consequences for attitudes toward affirmative action. *Personality and Social Psychology Bulletin, 25*, 500-515.

Szapocznik, J., Santisteban, D., Kurtines, W.M., Herves, O.F., & Spencer, F. (1982). Life enhancements counseling: A psychosocial model of services for Cuban elders. In E. E. Jones & S. J. Korchin (Eds.), *Minority mental health* (pp. 296-329). New York, NY: Praeger.

Thompson, C., Schaeffer, E., & Brod, H. (2003). *White men challenging racism: 35 personal stories.* Durham, NC: Duke University Press.

Titone, C. (1998). Educating the White teacher as ally. In J. L. Kincheloe, S. R. Steinberg, N. M. Rodriguez, & R. E. Chennault (Eds.), *White reign: Deploying whiteness in America* (pp. 159-174). New York, NY: St. Martin's Press.

van Zomeren, M., Postmes, T., & Spears, R. (2008). Toward an integrative social identity model of collective action: A quantitative research synthesis of three socio-psychological perspectives. *Psychological Bulletin, 134*(4), 504-535. doi: 10.1037/0033-2909.134.4.504.

Wise, T. (2004). *White like me: Reflection on race from a privileged son.* New York, NY: Soft Skull Press.

第5章　特権を意識する
日本の大学における授業実践を通して

渋谷　恵

1. はじめに

　グローバル化に伴い、地域で生活する人々の多国籍化、多文化化が進む中、多文化共生のための教育の必要性が高まっている。また社会経済的地位、性的指向、ジェンダー、身体的特質や能力など、個人が持つ様々な多様性を肯定し尊重することも課題となっている。

　多文化共生教育、多様性を尊重するための取り組みにおいては、社会の中のマジョリティ集団が、自分たちとは異なるマイノリティ集団の歴史や文化を理解し、差別や偏見を学ぶ重要性が指摘されてきた。学校における外国人児童教育の実践においても、多様な背景を持つ子どもたちの言語と文化、発達の特性に関する理解と支援が積み重ねられている。

　これに対し、近年の特権研究、また多文化教育、社会的公正教育の研究や実践は、マジョリティ側が自分自身と社会構造を見直し、自らが無自覚に持っている特権を意識的に問い直していく必要性を指摘している。特権とは、ある社会集団に属することで労なくして得られる優位性・権力である（Goodman, 2011; 出口, 2017）。例えば、日本で生活する日本人の多くは、マジョリティ集団である日本人としての特権に気づきにくく、そのためにマジョリティとマイノリティの間の不均衡な関係に無自覚になりがちである。

　日本においては、人権教育の分野において特権概念への関心が寄せられるとともに、アメリカの白人特権に関する研究、またその概念を援用した日本人特権への言及などがなされてきた（松尾, 2005, 2011；異文化間教育学会, 2007）。2017年にはグッドマンによる著書の訳書が『真のダイバーシティをめざし

て：特権に無自覚なマジョリティのための社会的公正教育』として紹介・出版され（出口, 2017）、特権に関する理解は学校や大学、様々な組織における研修テーマとしても多く採用されるようになっている。しかしながら、教育的な働きかけを受ける側の特権に関する認識や意識、また特権に関する教育の具体的な方策や課題については、まだ十分な検討がなされていない。大学における試みについては、青木（2020）が特権性と抑圧の理解を主とする授業実践とその分析を行い、特権性や抑圧の理解による学生ごとの差異、マジョリティ学生が示す抵抗への対処、抑圧に対抗するための行動へのつなぎを課題として提示している。また出口・渋谷は、大学での授業における特権の学習が学生に与えるポジティブな影響を評価した上で、マジョリティ学生の抵抗への対応、日本人特権を扱う文脈の検討を課題として提起した（Deguchi & Shibuya, 2019）。こうした実践や研究を踏まえつつ、受講者の意識の変化の検証、効果的なアプローチ方法の検討が継続的に行われることが望まれる。

　本章では、マジョリティ集団が自らの特権について学ぶことの重要性を指摘し、主として北米における社会的公正教育の実践と研究をもとに、マジョリティ集団を対象とする教育実践と教育者の課題を提起する。次に日本の大学における実践例を取り上げ、大学の授業で特権に関する授業を行う際の課題を検討したい。筆者は2016年度以降、大学における学科必修科目「多文化共生教育」の中で、特権概念を取り入れた授業を行ってきた。本章では、当該授業の受講生を対象とする事前アンケート、個人やグループによるワークシート、振り返りコメント等の記述の分析を交えながら、日本の大学生における特権に関する意識を明らかにし、教育的働きかけの意義と課題について論じることとする。

2. マジョリティを対象とする特権に関する教育の重要性

　多様性と社会的公正のための教育の観点から見ると、マジョリティが自らの特権に気づき、多様な集団が尊重されるよう学校や社会における文化や規範を再検討していくことが重要である。

　多様性と社会的公正のための教育を推進してきたグッドマンは、教育を行う上で最も難しい課題の一つが、社会構造の中で特権を持つ側に立つ集団(特権集団)との関わり方であるという (Goodman, 2011, p. 2)。特権を持つ人々が自らの立場を知り、その立場に由来する資源、情報、権力を適切に用いることで、より公正な社会に向けた働きかけが可能となる。特権集団が当たり前としていることに気づき自らを問い直すこと、有利な立場にあることを認め自分を変えて行動していくことには抵抗も強く、適切なアプローチが求められる。北米においては、特権集団を対象とした教育として、「特権集団のための教育学」、「抑圧者のための教育学」、「多様性と社会的公正のためのトレーニング」などの取り組みが行われており、マジョリティが自らの特権に気づき、多様な集団が尊重されるよう学校や社会における文化や規範を再検討していくための理論や方法の検討、実践が進められている。

　北米における多文化教育の理論と実践においても、社会的公正の概念は、文化的多様性の理解とならぶ重要な要素である (Nieto, 2002)。しかしながら、日本の多文化教育や外国人児童教育、国際理解教育などの実践においては、文化的多様性の理解や受容に関心が寄せられることが多かった (森茂・青木, 2019)。また学校における道徳等の授業においても、社会的に弱い立場にある個人や集団に対する関わりは、相互理解や思いやり、受容、寛容といった観点で語られてきた。そうした観点は、特権集団に属する個人が自らを受容し共感する側、理解する側、支援する側に位置づけることで、不公正な社会構造と自らの特権的な利益を理解することを妨げるものともなっている。

　社会的公正のための教育研究を行う Boler (1999) は、こうしたマジョリティ側の反応を「受動的共感」として批判している。「受動的共感」とは、特権集団が特権を持たない集団に対して共感し、同情する態度である。これに対して Boler は、特権を持たない他者が求めているのは共感ではなく、公正であり、問題を創り上げている社会的権力に自分自身が関わっていることを認めることであるとする (Boler, 1999)。

　後述するように、筆者が大学で担当する授業を受講する学生の多くは、高等学校までの学習の中で、「差別はしてはいけない」「人権を守ることが大切

だ」と学び、自分自身は「差別はしていない」「差別はしない」という意識
を持っている。また教員や心理支援職を目指す学生も多いことから、弱い立
場にある他者を支援したい、導きたいとの意識も強くみることができる。し
かしながら、こうした傾向はBolerによる「受動的共感」であり、社会的な
不公正に対する自分自身の関与を知り、自分自身の立場や価値観、行動を見
直すことにはつながっていない。自らの立場を振り返り、特権性が社会構造
とともに個人の生活にどのように影響を及ぼしているのかを捉え自らの立場
を批判的に分析する力が求められる。そのためにまず行うべきことは、特権
に関する理解を深め、社会の構造と個人についての気づきを促すための「意
識化」であり、「意識化」を促すための教育である（Freire, 2000）。

　特権に関する気づきの教育の重要性を指摘する出口は、マジョリティが特
権に気づくことの利点として、次の3点を挙げている（出口, 2020）。

⑴　差別の問題をマジョリティ側が自分ごととして捉えられる
⑵　特権があることによって、どれだけ社会を変えやすい立場にいるかが
　　自覚できる
⑶　アライ（味方、ally）となることでマイノリティとマジョリティが共
　　に生きやすい社会が実現できる

　自分自身は差別をしていないと認識し、マイノリティ側に対して無関心・
無関与、あるいは同情的共感を持つマジョリティ側が、自分たちが当たり前
としている特権を理解することで自分自身の行動を見直し、社会を変えるた
めに行動していくためにも、マジョリティを対象とする効果的な特権の気づ
き、「意識化」のための教育を行うことが求められる。

3. 授業科目「多文化共生教育」における実践と課題

3.1　授業内容設定の主旨と授業概要
　本授業は関東の私立大学で小学校教員養成課程を有する学科の1年次必修
授業であり、例年、当該学科の学生130〜150名程度が受講している。同学

科では、2015年にカリキュラムを改訂し、社会のグローバル化、多文化化に対応する資質能力を養うことを目的に「多文化支援心理学」「多文化と子どもの発達」「多文化社会教育実習」「子どもの人権と社会」などの多文化共生関連科目を新たに設置した。当該科目は必修科目として全学科生が学ぶとともに、関連科目への導入も兼ねた授業として位置づけられている。

　筆者はこれまで複数の教員養成課程において「国際理解教育」「共生教育」「多文化教育」などの授業を担当し、差別や偏見に関する授業を行ってきた。これらの授業における受講生のフィードバックから明らかなことは、「自分は差別をしていない」「差別はしてはいけない」という意識や意思は強くあるものの、自らの特権的な立場についての理解、また特権がある／ないということに関する具体的な理解が難しいという点であった。そこで2016年以降は、授業の柱の一つとして特権概念を位置づけ、シラバスの再構成を行った。実践にあたっては、北米を中心に行われている多様性と社会的公正に関する教育の理論と実践を参照しつつ、前年度の実践のフィードバックを踏まえてワークの目標と活動を設定している。

　授業は90分を一単位とし、週1回開講による15回構成である。2019年度に行った授業の構成は、表1に示す。

　表1の授業計画に見るとおり、授業の前半は主として国内の事象に言及しながら多文化共生について扱い、後半の2回はグローバルな視点からの多文化共生、持続可能な開発を扱っている。特権の概念は、国内におけるマイノリティとマジョリティの関係性だけではなく、グローバルな視点から見た特権集団と特権を持たない集団の関係性とも関わるものであり、授業全体を通した鍵概念として設定している。

　このうち、特権の意識化のために設定しているのが、第7回「マイノリティとマジョリティ」であるが、活動とその振り返り、フィードバックを含めて進行することから、実際には1回の授業で完結するというよりは、第6回「差別と偏見」、また事後に行う第8回「学校における多文化化と共生の課題」、第9回「社会における多文化化と共生の課題」とのつながりを意識して学習内容を構成している。

表1　「多文化共生教育」授業計画（2019年度）

	内容	授業内活動及び プロジェクト課題	鍵概念
1	オリエンテーション	イントロダクション アンケート	
2	グローバル化と社会の多文化化	日常のなかのグローバル性 多文化状況の分析	グローバル化、多文化化
3	グローバル社会の課題	多文化化に関わる政策分析	多文化共生
4	多文化を生きる	「HAFU」視聴 ディスカッション	ステレオタイプ、社会的ア イデンティティ、日本人性
5	文化とは何か	文化とは何か	文化、表象、言説、構築主義、 グローバル化
6	差別と偏見	「青い目茶色い目」視聴 ディスカッション	差別、偏見、ステレオタイ プ
7	マイノリティとマジョリティ	特権体験ゲーム／マイノリ ティレポート／リフレーミ ング	特権、マイノリティ／マジョ リティ
8	学校における多文化化と共生の 課題	「クラスメートは外国人」講読 ディスカッション	多文化共生、学習権、外国 人児童生徒教育、特権
9	社会における多文化化と共生の 課題	「自治会長奮闘す」視聴 ディスカッション	社会統合理論、コミュニ ティ、特権
10	多文化共生社会の課題	前半部分のリフレクション	社会統合理論、特権
11	グローバルな課題と私たち	グローバルな消費	グローバル化、SDGs、相 互依存・相互連関、特権
12	持続可能な開発のための教育	グローバルレポート	持続可能な開発のための教 育、参加
13	多文化共生の学校・まちづくり	未来予想図	多文化共生、コミュニティ、 参加
14	振り返り　多文化共生社会に向 けた一歩		

3.2　アンケートにみる受講生の学習状況及び意識

　本授業では、第1回の授業で受講生の差別や偏見に関する学習状況や意識に関するアンケートを行っている。アンケートは受講生の状況に応じた授業内容の修正、受講生に対する配慮事項の確認と整理、また授業時におけるフィードバックのための基礎資料とするものであり、回答者を特定しない形で実施している。本項では、2019年度の受講生131名のアンケート結果をもとに受講生の状況を概観する。

　アンケートでは、これまでに差別や偏見について学んできた内容を自由記述で回答を求めた。このうち、差別の対象について回答があった101件のうち約7割が人種差別を挙げており、なかでもアメリカの黒人差別を指摘するものが多く見られた。学んだ場としては、公民における日本国憲法、人権、男女平等、女性の人権の学習、世界史におけるアメリカの人種対立、人種差別、ユダヤ人差別、南アフリカのアパルトヘイトの学習、道徳や生活指導における人権やいじめに関する学習、英語やフランス語など語学の学習における教材での学習などが挙げられている。受講生の回答からは、差別や人権について小学生の時から数度にわたって学んできていることが伺える。またそうした指導の中で、「差別はしてはいけない」「人権を守ることが大切だ」と学んだとの回答も見られる。

　差別に関する受講生の語りに注目すると、時間的・空間的・感情的にも自分自身と離れた問題としての位置づけが多く見られることも特徴として指摘できる。例えば、「他の国では…」「過去（昔）には…」「私は差別されたことがないが…」「私には差別をする気持ちがわからないが…」などといった形での差別や偏見に関する言及である。また「差別はあってはいけない」という価値判断、「私は差別をしない」という意思の表明も見られる。しかしながら、差別の現状や社会的な構造についての言及は限定的であり、自らの特権的な立場について考える契機は少ない様子が伺える。

3.3　第7回「マイノリティとマジョリティ」における特権学習の概要

　本授業では、第1回の授業で行ったアンケートから受講生の状況を確認しつつ、多文化社会の現状と課題、文化と表象、日本人性をめぐる議論、偏見やステレオタイプなどの学習を行った上で、第7回にて特権に関する学習活動を設定している。

　その際の主要な活動は、特権の立場の違いを体験し、特権に対する理解と気づきを深めることを目的とする「特権体験ゲーム（紙ボール投げアクティビティ）」である。この活動では、特権に違いがある集団の立場をゲームの中で疑似的に体験した上で、それぞれの集団における体験の共有、個人によ

る振り返り、特権に関する理論からの検討、現実の社会との関わりの考察を行う。具体的な実践の手続きは、下記のとおりである。

(1)　グループ設定

授業では4〜5人でのグループ分けを行い、第1回の授業時からグループでのディスカッションや課題の共有、協働作業などを行っている。第7回においても、そのグループを基礎グループとして、活動時の相談やディスカッションを行う。130〜150名程度の授業の場合は、30グループ程度となり、教室配置としては、教壇から最も近いグループ（最前列）、前列、中央列、後列、最後列と大きく5つのブロックに分かれて座席に着く形となる。

(2)　ゲームの準備と進め方の説明

教員より各グループ5枚の白い紙を配布した上で、PPTでゲームのルール説明を行う。

〈ルール〉

① 一人1枚の紙にグループ番号と名前を書きます。
② 紙をボール状にまとめ、規定のゴールに入るように投げます。一人1枚分は必ず投げることとし、グループ全体で5枚分を投げます。
③ 席を移動してはいけません。今座っている場所から投げましょう。
④ ゴール（教壇上の紙箱）に入った紙1枚あたりを10点、教壇上まで届いた紙を1枚あたり5点として、グループポイントを計算します。

インターネット上で紹介されている「紙ボール投げアクティビティ」では、ゴールに入ることによって裕福になり社会階層を上がることができるという設定が多いが、本授業ではゴールからの距離が異なるグループごとの対抗戦とすることで、個人の達成とともにグループごとの勝敗とし、授業内での特権をめぐる集団間の競争に置き換えて実践している。

(3)　ゲームの実施と結果発表

ルールに基づいてゲームを行い、グループポイントをもとに順位を発表する。例年、高得点を獲得するのは、最前列のグループであり、前方から後方になればなるほど得点は下がる。後方のグループはほぼ得点はできない。

(4)　振り返り

振り返りは基礎グループでのディスカッションと、立場の違いによって異なる体験をした受講生を組み合わせた混成グループでのディスカッションを組み合わせた3ラウンド構成で行う。

第1ラウンドでは、基礎グループで集まり、ルールの説明を受けてからゲームが始まる前まで、ゲーム中、結果発表時それぞれの時点における感情、言動、態度をワークシートにまとめる形で共有し、整理する。また、他のグループの様子、他のグループに対する意識、感情について共有する。

第2ラウンドでは、最前列、前列、中央列、後列、最後列と、それぞれ違うブロックからゲームに参加した受講生から構成される混成グループを作成し、基礎グループにおけるディスカッションの結果やワークシートの記載内容を共有する時間を設ける。この際には、それぞれのグループの代表が話している時間は遮らずに最後まで聞くことを原則とする。また各グループから出されたコメントを協働でワークシートにまとめるようにする。

第3ラウンドでは、再び基礎グループに戻り、他のグループからの見解を共有する。またゲーム全体を振り返り、ゲームの公正性、特権がある／ないことによる差異、ゲームを通して気づいた点についてのディスカッションとまとめを行う。

3.4　受講生の気づきと実践の上の課題

受講生のワークシート、振り返りシートの記述からは、特権を体験する機会を通じて得た気づきを見ることができる（表2）。

第1に、特権がある／ない状態に関する具体的かつ体感的な理解である。受講生がグループごとにまとめたワークシートを見ると、最前列などの高い特権を有するグループ、中間に位置するグループ、特権を持たないグループごとの特質が受講生自身の体験を通して整理され言語化されていることがわかる。

表2　「特権」を考える　ワークシート2（振り返りのまとめからの抜粋）

グループごとの言動、態度、感情、他のグループへの認識		
特権		
大 ◀━━━━━━━━━━━━━━━━━━━━━━━━━━━━━▶ 小		
最前列グループ	**前列・中間列グループ**	**後列・最後列グループ**
・有利な立場、ラッキー ・余裕、楽勝、優越感 ・後ろじゃなくて良かった ・不利な人たちもいる。でも、私たちも頑張ったので当然の権利 ・ルールを変えたくない ・自分が不利になるのは困る ・後ろのグループのボールが頭に当たって痛い。振り返ってみると、後ろのグループが怖い ・後ろのグループはすごく大変そう、かわいそう。でも自分たちもがんばった ・後ろの声は聞こえない、見えない ・努力しなくても当たり前に有利 ・逆につまらない ・うまくできないと、プレッシャー ・後ろのグループと関わると後ろめたい、責められているように感じたので、できるだけ関わらないように、見ないようにした ・後方にもかかわらず高得点を出したグループがあった。ルール違反があったのではないか	・ワンチャン ・やればできるかも ・前のグループへの羨望、嫉妬 ・後ろのグループへの優越感、まだまし ・後ろのグループの妨げになっている ・後ろのグループの批判、不満を直接受ける ・中間グループ　VS　後ろのグループ ・工夫、努力、協力で達成しようとする人もいる ・前のグループより努力。がんばったのに評価してもらえない ・不正をしていると批判される ・同じ状況にある仲間と分断される ・あの人たちはできるのに、なぜできないのと言われるのではないか	・ゴールすら見えない ・どうせ無理、あきらめ、無気力、話も聞かない ・状況、全体への怒り、不満、反抗 ・前のグループへの怒り、不満 ・ルールへの怒り、不満 ・ルールを変えたい ・前のグループへの羨望、嫉妬 ・前のグループへの遠慮 ・ボールを投げてぶつかったら申し訳ない、怒られる ・わざとぶつけてみる ・条件が悪かったにもかかわらず、結果で判断 ・「やっぱりだめだ」との評価が定着 ・不平、不満、反抗、ゲームから降りたい ・「反抗的」「やる気がない」と問題扱い

　第2に、それぞれの立場によって生じた異なる体験を共有し合う場からの学びである。先述の振り返りにおけるラウンド2では、ゲームの中で特権を持っていたグループと特権を持たなかったグループがそれぞれの感情の動きや行動のありよう、気づいた点を対面で共有することとなる。この活動においては、劣位にあったグループが自分たちの辛さや不満、憤りを訴えたり、優位にあるグループに対して攻撃的な発言を行ったりする場面も想定される。また優位グループが劣位グループの態度や発言に抵抗や罪悪感などを強く感じ、否定や謝罪などの行動をとることも想定される。それぞれのグループ内のディスカッションでは見えなかった他の集団の体験を共有することは、新しい気づきとともに様々な感情や行動を表出させるものでもあり、授業者は個人の感情の動きやグループ内での関係性に十分配慮して行う必要がある。

　この点を踏まえて、本授業で留意しているのは、互いにオープンに聞き合うための場づくりである。

　先述のように、混成グループでのディスカッションでは、それぞれの基礎グループの代表者が話している時間は遮らずに最後まで聞くことを原則とすることで、批判や弁解の前に、他者の気づきを受け止めることを重視している。また、代表者の発言は個人の発言ではなく、ラウンド1でのディスカッションを踏まえたグループの見解の共有という形をとること、この実践がシミュレーションによるゲームであり、ゲーム上で取った立場に基づく見解であることの2点を受講者全体で確認することで、個人に対する批判や攻撃が生まれにくくなる設定を考えている。さらにグループごと、また場面ごと（ゲーム前、ゲーム開始後、結果発表後など）の書き込み枠を設けたワークシートを配布し、協働で書き込むよう指示することで、一部のグループの代表だけが話し続けたり、特定の場面やエピソードだけが語られたりすることなく、それぞれのグループの声を確実に聞くことができるようにする。

　こうした活動について、受講生からのフィードバックには立場の違いによる体験の違いや激しく複雑な感情の対立を経験したことによる気づきが見られたこと、自分自身の特権性と非特権性に関する気づきなどが挙げられてい

る。学期終了後の振り返りにおいても、このワークが印象に残ったとする受講生のコメントが多く見られる。

　ただし、これらの活動を行うにあたっての課題と配慮については、実践の振り返りを踏まえてさらに検討が必要と思われる。ワークを通じて特権を学ぶ過程においては、知的な理解だけではなく、様々な感情が伴う（Goodman, 2011）。こうした感情面への配慮についてはさらに検討を行っていきたい。

　第3に、自らの体験を特権の概念で見直すことで、特権を理解するとともに、自分の生活を含め、現実の世界での問題とのつながりへの拡張を図ることである。本授業では、翌週、受講生のワークシートをもとに整理した振り返りのまとめをもとに、ゲームの公正性、ルールを変えるためのアクションの主体、他集団との交流の必要性、現実社会とのつながりについてディスカッションを行っている。

　授業での学びと現実の社会の問題を結びつけるために検討すべき点も多い。本授業では、2017年度における実践の分析から、特権体験ゲームを通じて「特権があること／ないこと」についての具体的な理解が進んでいることがうかがえる一方で、その概念を現実の社会のマジョリティ／マイノリティ関係と結びつけて考えることに難しさがあることが明らかとなった（渋谷, 2018）。そのため、2018年度以降の授業では、事前事後に行っている日本国内のマイノリティに関する学習との結びつきを強めることとし、国内のマイノリティ集団に関するレポート作成とグループ内及びクラス全体での共有、マイノリティ集団の課題を特権の概念を用いて言い換えるワーク（リフレーミング）を行っている。大学における実践においては、受講生の社会経験や既有の知識、問題意識に応じて、授業構成を工夫する必要があると考えられる。

4. 今後の課題

　本章では、特権に関する学びの重要性と課題を明らかにした上で、事例として大学での「多文化共生教育」の授業における「特権を考えるワーク」実

践を取り上げ、その意義と課題を検討した。特権を考える授業の中心的な活動である「特権体験ゲーム」では、立ち位置による違いをもとに、特権の有無とその意味を、体感的に把握することができる。特にゲーム終了後、異なる立ち位置にあった参加者が、それぞれの感じ方を伝え、互いに共有することが特権の理解と自覚を促す点において効果的であった。しかしながら、知的な理解とともに、様々な感情が伴う授業においては、参加者の感情面への配慮も重要である。また授業者自らの感情への対応、自らの内面化された無意識の態度への気づきなど、授業者としての自己理解と行動変容に向けた取り組みも求められる。教員を対象としたワークショップや研修などが今後より必要となるだろう。

　授業では、ワークを通じて「特権があること／ないこと」への体感的理解が深まったことが確認される一方、参加者の社会経験や問題意識によっては現実の社会のマジョリティ／マイノリティ関係と結びつけることへの課題もある（渋谷, 2018）。今後は受講生からのフィードバックやインタビューなどをもとに、受講生の意識の変化や学習の意義に関して、より精緻な分析と検討を試みたいと考える。

参考文献

青木香代子（2020）「大学における社会正義のための教育に向けた試み―特権性と抑圧の理解の授業実践を通して―」『異文化間教育』第52号、102-119頁

異文化間教育学会（2007）『異文化間教育』第22号（特集：異文化間教育研究と「日本人性」）、2-67頁

ダイアン・J・グッドマン（著）出口真紀子（監訳）田辺希久子（訳）（2017）『真のダイバーシティをめざして：特権に無自覚なマジョリティのための社会的公正教育』東京：上智大学出版

渋谷恵（2018）「教員養成課程における『特権に気づくための教育』の試み：「特権を考えるワーク」実践の検討を通して」『異文化間教育学会第39回大会要旨集録』44-45頁

出口真紀子（2015）「白人性と特権の心理学」上智大学アメリカ・カナダ研究所（編）『北米研究入門：「ナショナル」を問い直す』（上智大学新書）（pp. 175-203）東京：上智大学出版

出口真紀子（2020）「マジョリティの特権を可視化する：差別を自分ごととしてとらえるために」（東京人権啓発企業連絡会広報誌『明日へ』からの転載）東京：東京人権啓発企業連絡会　https://jinken-net.com/close-up/20200701_1908.html（2020年9月10日アクセス）

パウロ・フレイレ（著）三砂ちづる（訳）（2018）『被抑圧者の教育学（50周年記念版）』東京：亜紀書房

松尾知明（2005）「『ホワイトネス研究』と日本人性：異文化間教育への新しい視座」『異文化間教育』第22号、15-26頁

松尾知明（2011）「日本社会と日本人であること」『多文化共生のためのテキストブック』（pp. 188-199）東京：明石書店

森茂岳雄・青木香代子（2019）「多文化教育再考：社会正義の実現に向けて」森茂岳雄・川﨑誠司・桐谷正信・青木香代子（編著）『社会化における多文化教育：多様性・社会正義・公正を学ぶ』（pp. 14-31）東京：明石書店

Boler, M. (1999). *Feeling power: Emotions and education.* New York, NY: Routledge.

Deguchi, M., & Shibuya, M. (2019). Teaching about 'Japanese privilege' in higher education: Contextualizing privilege to the Japanese context. *Proceedings of the conference: Does "invisible privilege" travel? Looking beyond the geographies of white privilege*, Asia Research Institute, National University of Singapore, Singapore.

Freire, P. (1970). *Pedagogy of the oppressed.* New York, NY: Continuum.

Goodman, D. (2011). *Promoting racial diversity and social justice: Educating people from privileged groups.* New York, NY: Routledge.

Hardiman, R., & Jacksons, B. (1992). Racial identity development: Understanding racial dynamics in college classrooms and on campus. In M. Adams (Ed.), *Promoting diversity in college classrooms: Innovative responses for the curriculum, faculty, and institutions* (pp. 21-37). San Francisco, CA: Jossey-Bass Publishers.

Helms, J. (1990). *Black and white racial identity: Theory, research and practice.* Westport, CT: Greenwood.

McIntosh, P. (1989). White privilege: Unpacking the invisible knapsack. *Peace and freedom*, July/Aug. 10-12.

Nieto, S. (2002). *Language, culture, and teaching: Critical perspective for a new century.* Mahwah, NJ: Lawrence Erlbaum Associates.

第6章　日本人の特権を可視化するための尺度の開発

出口　真紀子・渋谷　恵

1. 日本人特権尺度の開発の背景

　筆者らの研究グループは、日本における民族・人種的マジョリティの人々の持つ特権の自覚を促すような尺度を開発することが有効だと考えた。特権の自覚度を尺度で数値化することにより、自身の持つ特権をより可視化できる上、他の心理的要因との関連性の検証が可能となるからである。特権の数値が高い人、すなわち、特権を多く有している人が、その特権についてどの程度意識し、感じ、意味付けをしているのか、その特権をどのように使おうとしているのか（あるいはしていないのか）といった特権に対する「態度」を測定するための尺度を最終的に開発するのが有用であると考えた。

　そのような特権に対する態度尺度を開発するにあたり、White Privilege Attitude Scale（以下、「WPAS」という）(Pinterits, Poteat, & Spanierman, 2009)を参考にした。WPASは28項目あり、以下の4つの下位尺度から成る。(1) 白人特権と向き合おうとする態度の度合い（例：「私は私自身の白人特権を探求することができてよかった」）、(2) 白人特権と向き合い、行動する上で予想される代償（例：「もし私が白人特権に異議を唱えたとしたら、友達を失うかもしれないと不安になる」）、(3) 白人特権に対する自覚の度合い（例：「非白人より白人のほうがより生きやすい」）、(4) 白人特権を持つことへの自責の念（例：「私は自分の白人特権を恥じている」）である。

　当尺度を検証した結果、項目のほとんどに「白人特権」という言葉が含まれていることから、特権に対する態度を測定するには、日本社会でまず「特権」という概念の一定の理解が前提条件であること、また特権という言葉自

体も社会的公正の文脈での定義（あるマジョリティ性を有していることで自動的に受ける恩恵）が浸透していない現状を踏まえ、一般の被験者に実施するのが難しいだけでなく、時期尚早であると判断した。そこで、まず「特権」という概念を理解しなくても自分の持つ特権について回答できるような尺度を開発することが有用だと考えた。そこで参考にしたのが、白人特権を列挙したMcIntosh（1989）の白人特権チェックリストである。

マッキントッシュは46項目の白人特権を列挙し、1989年に改訂した小論文では26項目に絞ったものを掲載している。項目の例には、「私は自分と同じ人種の人たちに囲まれたいと望めば、たいてい叶えることができる」、「間違いなく、私の子どもは自分たちの民族・人種の存在を肯定する教材を与えられるだろう」といった「特権」という用語を使わずに特権について考えるきっかけを与えるリストになっている。そのため、白人特権のリストを参考にしながら、「日本人特権尺度」を開発することが、教育上有効であると考えた。

2. 白人特権と日本人特権の違い

白人特権というアメリカで広まった概念を米国以外の社会に応用することについて、Case, Iuzzini, & Hopkins（2012）は以下のように指摘している。

> 特権は、国や文化という文脈を超え、世界中に存在するものである。確かに特権はその社会的・政治的文脈において固有な形で作用するが、本誌に掲載された研究のほとんどは米国以外の特権を研究している研究者にとって有益であろう[1]。(p. 2)

白人と日本人という、それぞれの社会に固有な特権集団に着目しているという違いがあるとはいえ、社会の中でマジョリティ性・マイノリティ性のアイデンティティが存在する時点で、必ず特権というものが付随する。つまり、特権の形や姿は異なっていても、特権という概念は国や文化を超えて有効で

1　原文は英語で書かれているため、筆者が邦訳した。

あるとしている（Case et al., 2012）。また特権という概念は国境や文化を超えて適用できるのかについても、他国では特権という概念においての学術的な検証もすでに進んでいる[2]。ゆえに日本社会への応用は可能であるだけでなく、同時に日本社会に固有な特徴を明確化するといった利点がある。

まず、米国と日本の社会的背景が異なることから、白人特権と日本人特権の相違点を明確にする必要がある。日本人特権と白人特権の最大の違いは、白人特権は「肌の色」「人種」のみを対象にしていることに対して、「日本人」特権は民族／人種以外にも国籍、言語、文化などの特権が含まれている点である。つまり、「白人」は国籍（アメリカ国籍）、言語（英語）、文化（アメリカ文化）などと切り離して扱える概念だが、「日本人」または「日本」という言葉には、民族・人種という概念だけでなく、国籍といった他の概念が含まれている。この点が白人特権を単純に「日本人特権」と置き換えることができない背景である。

また、国レベルでの比較だと、アメリカは移民国家であり、多様な人種・民族で形成されているため、人口全体における非白人である人種・民族的マイノリティの比重が非常に高く、数十年後には白人は少数派に転換することが予測されている[3]。日本においては、日本人の人口が圧倒的多数派であるといった違いがある。また、アメリカでは「人種」というカテゴリーで集団を区分けするのが通例だが、日本における民族的・人種的マイノリティ（i.e., 在日コリアン、在日中国人、アイヌ、琉球人等）は見た目で「日本人」としてみなされることが多いため、本人が自分から明かさない限りは日本人とみなされてしまうこともあり、「人種・民族」といったカテゴリーが日常的に意識されず、「日本社会に多様性が存在する」との一般認識が育っていないという背景の違いが挙げられる。

---

2 シンガポールにおいて2019年5月に「Does Invisible Privilege Travel?: Looking Beyond the Geographies of White Privilege」という2日間にわたる学術大会が開催され、シンガポールや他のアジア諸国の文脈において「特権」をどう顕在化するかについて検証した。
3 米国国勢調査局の推計によると、白人と非白人の比率は2045年に逆転することが予測されている。

3. 初期スケールの構築

日本人特権リストを開発するにあたって、以下の手順を踏んだ。

⑴ 筆者らは、過去の差別意識の尺度や意識調査を参照しつつ、文献の包括
的なレビューを行った。また、出口・渋谷 (2017) による日本人特権につい
て考えるワークショップで、参加者それぞれが自分で気づいた日本人特権
を考えるグループワークを通して集めた300以上の項目なども参考にした。
最終的には、本研究グループのメンバー4人(それぞれ異なる分野の専門家：
心理学者、教育学者、社会学者、言語学者) から成る項目生成チームを形成し、
ブレーンストーミング会議を数回行った結果、計266項目を生成した。

⑵ 項目生成チームのメンバーが日本人特権という観点からはマジョリティ
集団に属しているという認識から、日本におけるマイノリティの視点から
の検討が必須と考え[4]、部落出身者、在日コリアン、及びフィリピンにルー
ツを持った協力者にマイノリティの立場から見える日本人特権（及び部落
外出身特権）の例について聞き取りを行った。その結果、数項目を追加し、
計269項目となった。

⑶ 269項目をさらに絞り込むために、心理学者と教育学者が項目を整理す
る過程で、法的権利、社会参加、教育、文化・言語・アイデンティティ、
真正性、差別の6つのカテゴリーが浮上した。この6つのカテゴリーのバ
ランスを意識しながら、ほぼ均等になるように検証し、160項目に絞り込
んだ。この6つのカテゴリーと項目例については後述する。

⑷ 160項目を本格的に検証・整理するために項目生成チームが2日間集ま
り、67項目（6カテゴリー）に絞り込み、よりわかりやすい表現に編集した。

⑸ 新たな67項目の内容の妥当性・明瞭性を向上させ、またさらに絞り込
むために、マイノリティ当事者（在日朝鮮人、部落出身者、フィリピン人
／日本人ミックス・ルーツの人、在日ペルー人）の専門家が確認し、各項

---

4 人種的マジョリティは、自分の持つ特権に無自覚であることが多く、盲点があることから、
マイノリティにヒアリングすることが必須である。実際にマイノリティ性を持った協力者
のインプットにより、マジョリティ側では想像が及ばない項目なども追加することができた。

目の「内容的妥当性」（日本人が日ごろ無意識・無自覚でいる「特権」（労なくして得た優位性）という内容を表したものになっているか）と「明瞭性」（内容が回答者にとってイメージしやすく、わかりやすいものとなっているか。文脈が明瞭か）の2つの観点から、それぞれ1（全く適切ではない、または明瞭ではない）から5（非常に適切、または明瞭である）までの5段階のリッカート尺度を用いて、各項目を評価してもらった。同時に全体のバランス（日本人特権の項目を読んでみて全体のバランスはどうだったか、欠けている領域・追加すべき項目などあるか、語句・文体など、表現についての全体的なフィードバック）について評価してもらった。

(6)　返却後、集計し、平均値が3.0台以下の項目について、2名の研究者が、一つ一つ検討した。「内容的妥当性」については67項目のうち、52項目が4.0以上で、15項目が3.0台だった。また「明瞭性」においては、4.0以上が46項目で、3.0台が20項目、2.0台が1項目であった。点数が低かったものについては表現を変えるなど、よりわかりやすくするよう編集した。その結果、52項目（法的権利4項目、社会参加10項目、教育9項目、文化・言語・アイデンティティ10項目、真正性11項目、差別8項目）に最終的に絞り込んだ。

(7)　次にこの52項目の「日本人特権尺度」のパイロット調査で1-5までのリッカート尺度（1が全くあてはまらない、5が全くよくあてはまる）の5段階式で学生に実施し、わかりにくいところを指摘してもらった。回収後、わかりにくい項目の表現をよりわかりやすい表現に修正した。

(8)　大学の倫理審査委員会に申請書を提出し、承認後に、以下のとおり調査を実施した。

4. 下位尺度の項目について

上述したとおり、最終的な尺度の52項目は、6つのカテゴリー（法的権利、社会参加、教育、文化・言語・アイデンティティ、真正性、差別）によって構成されており、各カテゴリーについて説明する。

法的権利　　法的権利とは、日本国籍保持者として法的に権利が保障されているが故に日常的に意識しなくても良い特権で構成されている。選挙権や在留する権利が保証されているため、例えば「私は政治に自分の意見を反映させるための、選挙権・被選挙権などの機会を持っている」や「私は、パスポートなどの身分証明書を持ち歩かなくても問題になることがない」といったような4つの項目が含まれている。日本社会では日本国籍を持っていない人は、外国人登録証を常に持ち歩くことが義務付けられているが、マジョリティの日本人は日本国籍を持つため、そのような法的規定は無く、身分証の携帯について日常的に考える必要がない。この状態を「当たり前」と捉える項目が法的特権を表す例である。

社会参加　　社会参加とは、例えば住まいや仕事、銀行口座の開設、または結婚といった社会生活を送る上で必要なものや慣習的に行われていることに関して、日本国籍を有している以外にも名前や見た目で日本人であるとみなされることで社会から自動的に信頼されることによって、アクセスが可能になる特権から構成されている。例えば、「就職の面接の際に、私は自分の家族のルーツを問われない」、「私は、安定した仕事または収入があれば、住みたいアパートの契約をする際、契約を拒否されることはない」や「深夜に一人で歩いていても、警察から職務質問を受けることはない」「互いが望めば、私は、どのような立場の人とも結婚することができ、出身国や家族のルーツを問われるようなことはない」といった在日外国人が遭遇しやすい偏見や差別の例を挙げている。

教　　育　　教育とは、小学校から高校までの学校教育において「日本人」であることで教育機会を円滑に得られる特権、排除されない特権、カリキュラムや授業の教材において自文化が反映され、肯定的に紹介されている特権などから構成されている。特に外国にルーツのある子どもは学校で使用される言語が家庭で話されている言語と異なることが多々あり、日本語だけを話す家庭に比べて言語的な意味合いで語彙や表現を家族の中で培うことが難しいといったことや、外国ルーツを持つ親は自文化や民族の言語をどの程度子どもに伝えていくべきかを意識して考えなくてはならない。マジョリティ側である日本人が得られている特権を表す項目には、「私は、（小学校から高校までの）学校で

109

自分の国や文化について学ぶことができる」「国籍のせいで奨学金がもらえないということはない」「（小学校から高校までの）学校給食では、私が日ごろから食べ慣れた食事を取ることができた」「自分の家族のルーツや国籍のせいで、私は、高校進学や大学進学を期待されないことがある」などがある。

　文化・言語・アイデンティティ　文化・言語・アイデンティティは、日本文化を理解しているという前提で接してもらえたり、日本語が母語であることで公の場でコミュニケーションをとることへの不安が少ないといったことが挙げられる。言語については、教育のカテゴリーでも項目は登場するが、ここでいう言語は公的な機関で情報を得たり、サービスを受けたりすることができる、といった、サービスへのアクセス権や当然日本語を話す人とみなされる特権が含まれる。「私は、どこへ行っても日本語で情報を得たり、サービスを受けることができる」、「私は、民族的・人種的アイデンティティに悩むことはない」、「私は、『どこの人』とか、『日本語できるの』『日本語が上手ですね』といったことを言われることはない」といった項目例で構成されている。

　真　正　性　真正性は、日本で暮らしていて当然であると思われたり、なぜ日本に住んでいるのか、いつまで日本に住み続けるのか、といった外国にルーツのある人が聞かれるようなことを問われない立場にある特権に関する項目で構成されている。例としては、「日々生きていく上で、私は、自分の民族や人種を意識することがほとんどない」「日本にいる限り、私は、自分の国の代表者として意見を求められたりしたことがなく、あくまで個人としての意見を求められる」「人間関係のトラブルが起きたときに、『あなたは〇〇人だから』と、私の国籍や民族・人種のせいにされることはない」がある。

　差　　別　差別のカテゴリーは、日本において人種・民族的マジョリティであることで、差別を受けなくて済む特権、差別を受ける可能性について考えなくて済む特権などの項目で構成されている。「会話や態度に表れる、国籍や民族・人種に関する差別的な表現に対して、私は、常に身構えておく必要がない」、「私は、『日本に来るな』『自分の国に帰れ』と言われることがない」「ぞんざいな扱い、失礼な言い方をされた時、私は、自分の民族や人種のせいかもしれないと思うことがない」といった項目が含まれている。

5. 方　法

　東京都内の私立大学の学生のうち、研究者が教鞭をとる複数の授業で研究について説明し、参加者を募った、コンビニエンスサンプルである。調査参加は任意であり、参加を希望した学生はインターネットにアクセスし、インフォームドコンセントに同意した上でアンケートに回答した。

5.1　参加者

　参加者は221名で、男性22名（10%）、女性193名（87.73%）、その他5名（2.27%）であった。平均年齢は19.0（標準偏差＝1.09）才で、約半数が1年生で最も多く、次いで2年生、3年生、4年生と続き5年生以上は2名（0.9%）であった。国籍は、218名（99.1%）が日本国籍を有し、韓国1名（0.45%）、中国1名（0.45%）、その他のアジアの国4名（1.81%）、北米4名（1.81%）、その他1名（0.45%）であり、9名が2つ以上の国籍を有していた。民族・人種は、218名（98.64%）が大和民族を選択、アイヌ・琉球は4名（1.8%）、朝鮮人1名（0.45%）、中国人9名（4.07%）、その他のアジア人1名（0.45%）、白人1名（0.45%）、黒人1名（0.45%）、その他1名（0.45%）で、15名が2つ以上の民族・人種を選択した。第一言語は、216名（97.7%）が日本語を選択し、中国語4名（1.81%）、英語4名（1.81%）、その他の言語1名（0.45%）を選択し、4名が2つ以上の言語を選択した。ほとんどの参加者が国籍、民族・人種、言語において特権を有していると言える。その一方で、日本語が第一言語ではない家族がいる人は13名（5.88%）、家族に他に大学進学した人がいない人は19名（8.64%）、自分がマイノリティと感じる人は72名（32.58%）であった[5]。

5.2　尺　度

　前述のように、日本人特権尺度は、法的権利（4項目）、社会参加（10項目）、教育（9項目）、文化・言語・アイデンティティ（10項目）、真正性（11項目）、差別（項目8）の6つの下位尺度を構成する、52個の質問項目からなる尺度

---

[5]　詳細はp.116を参照。

である。各下位尺度得点は該当項目の得点を、総得点は全ての項目の得点を合算して算出した。

　統計学的属性を示す、デモグラフィック変数は、国籍、民族・人種、第一言語、日本語が第一言語ではない家族の有無、大学進学した家族の有無、マイノリティと感じるか否かの6項目を測定した。国籍、民族・人種、第一言語、日本語が第一言語ではない家族の有無、4つの変数を、それぞれ「日本国籍のみ」と「その他」、「大和民族のみ」と「その他」、「日本語のみ」と「その他」、「家族がいる」と「いない」と2群に分けた。大学進学した家族は、「わからない」の2ケースを頻度が低いため解析から除外し、「私だけ」と「他にもいる」の2群にし、マジョリティ性の高い群（マジョリティ）と低い群（マイノリティ）に分けた。「マイノリティと感じるか」については、「はい」「いいえ」「わからない」の3群とし、「いいえ」を選んだ人をマジョリティ群、「はい」と回答した人をマイノリティ群、「わからない」はそのままその他の

表1　日本人特権尺度の

特権カテゴリー		N	総得点（52項目）			法的権利（4項目）			社会参加（10項目）		
	グループ		中央値		P値	中央値		P値	中央値		P値
国籍[1]	日本国籍のみ	210	227		p<0.5	16		p=.18	48		p<0.5
			217	234		15	16		45	50	
	その他	11	190			15			40		
			165	208		12	16		34	44	
民族・人種[1]	日本人・大和民族のみ	203	227		p<0.5	16		p=.30	48		p<0.5
			217	234		15	16		45	50	
	その他	17	198			15			40.5		
			175	213		13	16		34	46	
言語[1]	日本語のみ	213	227		p<0.5	16		p=.20	48		p<0.5
			217	234		145	16		45	50	
	その他	8	190			14			39		
			160	210		12	16		34	45.5	
日本語が第一言語ではない家族[1]	はい	13	184		p<0.5	15		p=.25	39		p<0.5
			165	202		12	16		34	43	
	いいえ	207	227			16			48		
			217	234		15	16		45	50	
大学進学した家族[1]	私だけ	19	224.5		p=.69	15		p=.10	47.5		p=.28
			219	231		14	16		44	48	
	他にいる	198	226			16			48		
			213	234		15	16		45	50	
	分からない	2	n/a			n/a			n/a		
			n/a	n/a		n/a	n/a		n/a	n/a	
マイノリティと感じる[2]	はい	72	222		p<.05	16		p=.93	46		p<.05
			203	232		16	16		41	50	
	いいえ	119	229			16			49		
			220	235		14	16		46	50	
	分からない	29	227			16			48		
			217.5	234		15	16		45	50	

注1）ウィルコクソンの順位和検定を行った。　2）クラスカル・ウォリス検定を行った。中央値の下の数値

群とした。

5.3　統計解析

　国籍、民族・人種、第一言語、及び日本語が第一言語ではない家族の有無、大学進学した家族の有無の5つの変数に関しては、日本人特権尺度の6つの下位尺度の得点と総合得点をウィルコクソンの順位和検定により2群比較した。マイノリティと感じるかという変数については、日本人特権尺度の6つの下位尺度の得点と総合得点をクラスカル・ウォリス検定で3群比較をした。有意確率はp<0.05に設定した。全ての統計解析はSTATA（version 14.2; Stata Corp College Station, TX, United States）を使って行った。

6. 結　果

　内的整合性に関しては、社会参加（α=.808）、真正性（α=.815）、差別

得点中央値グループ比較

教育（9項目）		P値	文化・言語・アイデンティティ（10項目）		P値	真正性（11項目）		P値	差別（8項目）		P値
中央値			中央値			中央値			中央値		
32			45			51.5			36		
31	33	p=.12	43	46	p<0.5	48	55	p<0.5	33	36	p<0.5
29.5			40			40			26		
24	33		32	46		34	48		23	31	
32			45			52			36		
31	33	p<0.5	43	46	p<0.5	48	55	p<0.5	34	36	p<0.5
28			40			40			28.5		
26	31		36	43		34	49		24	34	
32			45			52			36		
31	33	p<0.5	43	46	p<0.5	48	55	p<0.5	33	36	p<0.5
27.5			37			38.5			26		
26	32		32	42		33.5	43		23	31	
27			37			39			26		
24	28	p<0.5	32	41	p<0.5	34	42	p<0.5	23.5	30	p<0.5
32			45			52			36		
31	33		43	46		48	55		34	36	
31			43			51			36		
30	32	p=.09	42	45	p=.32	50	53	p=.70	34	38	p=.33
32			45			51			36		
31	33		43	46		47	55		32	36	
n/a			n/a			n/a			n/a		
n/a	n/a		n/a	n/a		n/a	n/a		n/a	n/a	
32			44			51			36		
30	33	p=.05	41	46	p<.05	45	55	p<.05	30	36	p=.14
33			45			52			36		
31	33		43	46		49	55		34	36	
32			44			50			36		
31	33		43	46		47	53		32	36	

は左が25パーセンタイル、右が75パーセンタイルの得点

（ *a* =.809）、総得点（ *a* =.932）ではcronbach *a* の値が良好であった一方、教育（ *a* =.748）、文化・言語（ *a* =.690）、法的権利（ *a* =.564）ではやや低かった。

　結果は表1に示した。法的権利得点は、どのデモグラフィック変数の群間比較にも有意な違いはなかった。

　社会参加得点は、国籍（中央値：48 vs. 40）、民族・人種（48 vs. 40.5）、第一言語（48 vs. 39）、日本語が第一言語ではない家族の有無（48 vs. 39）において、特権を有すると思われる群の得点の方が高かった。マイノリティと感じる（49 vs. 46 vs. 48）の3群比較でも有意差があった。

　教育得点では、民族・人種（中央値：48 vs. 40.5）、第一言語（48 vs. 39）、日本語が第一言語ではない家族の有無（48 vs. 39）において、特権を有する群の得点の方が有意に高かった。

　文化・言語・アイデンティティ得点は、国籍（中央値：45 vs. 40）、民族・人種（45 vs. 40）、第一言語（45 vs. 37）、日本語が第一言語ではない家族の有無（45 vs. 37）において、特権を有すると思われる群の得点の方が高かった。マイノリティと感じる（44 vs. 45 vs. 44）の3群比較でも有意差があった。

　真正性得点は、国籍（中央値：51.5 vs. 40）、民族・人種（52 vs. 40）、第一言語（52 vs. 38.5）、日本語が第一言語ではない家族の有無（52 vs. 39）において、特権を有すると思われる群の得点の方が高かった。マイノリティと感じる（51 vs. 52 vs. 50）の3群比較でも有意差があった。

　差別得点は、国籍（中央値：36 vs. 26）、民族・人種（36 vs. 28.5）、第一言語（36 vs. 26）、日本語が第一言語ではない家族の有無（36 vs. 26）において、特権を有すると思われる群の得点の方が高かった。

　総得点は、国籍（中央値：227 vs. 190）、民族・人種（227 vs. 198）、第一言語（227 vs. 190）、日本語が第一言語ではない家族の有無（227 vs. 184）において、特権を有すると思われる群の得点の方が高かった。マイノリティと感じる（222 vs. 229 vs. 227）の3群比較でも有意差があった。

7. 考　察

　本調査の目的は「日本人特権尺度」の開発であり、今回の調査はあくまでもパイロット調査であることを強調したい。パイロット調査の目的としては、日本人特権を持っている集団、つまりは国籍（日本国籍）、民族・人種（大和民族）、言語（日本語）の3つの領域において、マジョリティ側にいる「日本人」の集団と、日本人特権を有していないマイノリティ側の人たちが属する集団の本尺度の数値を比較し、有意差の有無を検証するのが目的である。今回は都内の四年制私立大学[6]で実施したが、結果として、尺度の総得点の比較において、日本人特権の3種（国籍、民族・人種、言語）を有している側と、日本人特権を有していない側との回答値に有意差が出たことは、この尺度の項目において特権を有している側、有していない側とを差別化することが可能であることが窺えた。

　尺度の信頼性の指標となるCronbach α の値が総得点（ α =.932）では良好であったが、下位尺度により α 値にばらつきが見られた。整合性が最も低かった法的権利は、項目数が4であり、他の尺度（8〜11項目）に比べて極端に少なかったことがその要因の一つと考えられる。質問項目の数が異なる点については検討の余地があることが示唆された。今後法的権利の項目数を増やすことを検討するべきだろう。さらに、法的権利だけでなく、教育と文化・言語の下位尺度についても各質問項目と尺度得点との関連等を検討して、内的整合性を高めるための修正が必要であろう。

　今回の調査の限界は、サンプルの極端な偏りである。国籍、民族・人種、言語においてマイノリティ性のある集団が極端に少なかった[7]。例えば、国籍においては、日本国籍でない学生は0.9%、民族・人種においても日本人（大和民族）でないと回答した学生はわずか1.36%、第一言語が日本語でないと回答した学生は2.26%であった。ただし、言語においては、比較的競争率が

6　同じ日本人特権尺度を首都圏私立大学で収集したデータの結果については第9章で考察されている。
7　性別においても男性と自認する学生はわずか10%であった。

高いとされている大学では日本語の言語能力が低い人はそもそも入学しづらい点を考慮すると、日本の都内私立大学はそもそも多くの特権を有している人が集合している場であるということが浮き彫りになった。しかし、このように偏ったサンプルにもかかわらず、マジョリティとする集団とマイノリティとする集団の間に有意差が出ている点については、当尺度は多くの特権をもったばらつきの少ない集団内においても、差異を感知できていることを示唆している。

　一方で、大学生は人生における大きな出来事（結婚・就職・住居）をまだ経験していないため、日本人特権尺度の項目に出てくるような住宅を借りる、といった項目や、就職の際に直面する具体的なスクリプトについて現実味を想像し、回答するのが難しいと考えられる。

　今回は大学生（学部生）のみを対象としたが、今後は社会で働き、生活している一般の大人、そしてよりマイノリティ性のある多様な学歴・年齢層を母集団とした調査を行い、データを蓄積していくことが求められる。そうすることによって、今回の調査では有意差が出なかった「法的権利」のカテゴリーでも、有意差が見られる可能性もある。また、項目を修正する必要が出てくる可能性もある。

　デモグラフィック変数の一つの、「あなたは、自分がマイノリティだと感じることはありますか」という質問に対して「はい」と回答した人は72名（32.58%）おり、「はい」「いいえ」「わからない」の3群間の比較の結果、4つのカテゴリー（社会参加、教育、文化・言語・アイデンティティ、真正性）に有意差が見られた。その一方で、何をもってマイノリティとして回答しているのかを今回の調査では聞いていないため、例えば、性的指向、地方出身、障害、ひとり親家庭、など様々な可能性が考えられる。今後は他のマイノリティ性についても聞いていく必要性があり、インターセクショナル（交差性）の視点からも複合差別と特権の関連性への理解が深まることが望ましい。

　上記の6つのカテゴリーについては、今後尺度の妥当性を検証する中で精査していく予定である。母集団を対象にデータ収集を行うことで、サンプリ

ング・バイアスの影響についても検討していく。さらに、サンプルサイズを増やすことで、因子分析を用いた統計解析が可能となり、実際にこの6つのカテゴリー数が妥当かどうか、また、各項目のそれぞれのカテゴリーへの分類は適切か、6つのカテゴリー名は適切かといった、カテゴリーとしての構成の妥当性の検証を引き続き行いたい。

8. まとめ

　「日本人特権尺度」を開発することは、特権への自覚を促す教育ツールとして有効である。また、他の心理学尺度との関連性や整合性などを検証することで、日本人として特権を持つことが日本社会で何を意味し、どのような作用があるのかを検討することが可能となる。特権自覚教育を施す授業や研修を今後進めていく中で、特権への自覚を本尺度を使って測定することにより、その効果を量的に検討できるメリットがある。次のステップでは、WPAS（白人特権態度尺度）の日本人版を開発し、日本人特権というものを理解した回答者の日本人特権に対する態度を測ることが可能となる。最終的には、特権の有無ではなく、特権に対する「態度」、すなわち人種・民族的マジョリティである日本人が自分の持つ特権に対してどのような「態度」を有しているのかを知ることで、社会的公正へ向けた個人の変化の過程を検証できると考える。

　近年、日本社会においても社会的公正の文脈での「特権」という言葉が使われ始めている。その例として、「日本で日本語を母語として操れるということは、それだけである種の特権である」と、日本におけるブラック・ライヴズ・マター運動のオーガナイザーの一人である名波ナミが書いている（名波. 2020）。2020年6月に日本におけるBLMデモ行進が各地で行われたが、主催者の多くは海外からの留学生だった。そこで名波は、外国籍の立場としてデモを主催することと、「日本人」として主催することがいかに違ったものかという視点から特権を浮き彫りにしていった。例えば、デモ申請書類が全て日本語であることのハードル、日本国籍を持たないためにデモに参加す

ることで法的に危うい立場に置かれること、などである。名波は、特権を持つ安定した立場にいる人たちは、デモ行進したくても様々な制限や障壁によってできない人々について知り、自らの特権を行使すべきだと呼びかけている。このように、特権とは、マジョリティ側にいる人たちにとってインビジブル（不可視的）であり、特権を持っていることすら気づかないが、常に存在するものであり、確実に現実に影響を及ぼしているのである。

　最後に、特権の自覚を教育や研修で促すことで、必ずマジョリティ集団からの揺り戻しが起きることは知っておくべきだろう。日本ではまだ、特権という概念が広まっていないため、いわゆる「特権」という概念については、大きな反動（バックラッシュ）は起きていない[8]。しかし、アメリカでは白人特権への自覚を促す活動に対する反動が、トランプ政権になってからさらに加速している。2020年9月、トランプ大統領は、連邦政府機関の人種感受性訓練（race sensitivity training）の見直しを呼びかけ、「白人特権」や「批判的人種理論（critical race theory）[9]」が関与する研修会が「分裂的」で「非アメリカ的」だとし、「事実上全ての白人が人種差別に貢献している」または、「人種差別から利益を得ている」というようなプロパガンダに予算を割く必要はない、という覚書が回覧されていたことが報道されたばかりである（Dawsey & Stein, 2020）。このように、特権への自覚教育の難しさは、権力を持っている側からの反動にあうことである。特権に無自覚であればあるほど、特権を自覚せよ、と言われることが「逆差別」で、被害者は自分たちの方であると感じてしまうのである。

　しかし、だからと言って特権の自覚を促す教育をしないという選択肢はな

8　日本における揺り戻しの例として挙げられるのが、2017年の小池百合子東京都知事が関東大震災朝鮮人犠牲者追悼式に、都知事名の追悼文を初めて送らない方針を決め、今に至っているが、その理由は、すべての犠牲者の命を区別しないというもので、まさにアメリカのBlack Lives Matter運動に対して、All Lives Matterと反撃した右派の言動と類似している。他の揺り戻しの例としては、ポリティカル・コレクトネスへの批判や、在日特権を許さない市民の会、といったヘイト団体による、特権はマイノリティ側にある、といった誤った主張などが挙げられる。
9　批判的人種理論（Critical Race Theory）は、「人種と法と権力とのあいだの関係を改変することを目的とした根本的な法学運動」（Richard Delgado）と定義される（桧垣, 2011, p. 930）。

118

い。反動や揺り戻しはいずれ来ることを前提に、長期的視野を持って人権教育を捉える必要性があり、反動や揺り戻しが来たときに、「効果が現れ始めている」という認識に立つことが求められるだろう。

参考文献

出口真紀子 & 渋谷恵（2017, March 19）「みんなに開かれた学校づくりのために〜多文化化する学校における「マジョリティ」を考える〜」明治学院大学心理学部教育発達学科、第2回国際教育フォーラム。明治学院大学白金キャンパス本館

桧垣伸次（2011）「批判的人種理論Critical Race Theoryの現在」『同志社法學舍』63（2）、929-982頁

名波ナミ（2020）「『日本人特権』の使い方：トレンドではなく本物の変革を」『Black Lives Matter：黒人たちの叛乱は何を問うのか』（pp. 97-101）東京：河出書房新社

Case, K., Iuzzini, J., & Hopkins, M. (2012). Systems of privilege: Intersections, awareness, and applications. *Journal of Social Issues, 68*, 1-10.

Dawsey, J., & Stein, J. (Sept. 5, 2020). White House directs federal agencies to cancel race-related training sessions it calls 'un-American propaganda'. *The Washington Post*. Retrieved on 9/7/2020. https://www.washingtonpost.com/politics/2020/09/04/white-house-racial-sensitivity-training/

McIntosh, P. (1988, 1989). White privilege: Unpacking the invisible knapsack. *Peace and Freedom*, July/August, 10-12.

Pinterits, E. J., Poteat, J. P., & Spanierman, L. B. (2009). The white privilege attitudes scale: Development and initial validation. *Journal of Counseling Psychology, 56*(3), 417-429.

第**3**部

ミクロ的考察
「特権」の観点から見た
マジョリティとマイノリティ

第7章　大学における言語文化的多様性
日本育ちの外国につながる大学生

宮崎　幸江

1. はじめに

　グローバル化により、日本社会は多様性を持つ人々といかに共生していくかということが課題となっている。小中学校を始めとする教育現場は90年代以降、日本語支援や適応指導、教育保障など様々な課題に対応してきたが、一言に外国人児童生徒と言っても、日本で生まれ育った子どもや、国際結婚家庭の子どもなど、言語と文化の組み合わせ、家庭環境や生育歴など多様性に満ちている。母国生まれを1世、現地生まれを2世とする従来の世代区分では、子ども時代に移住した人も成人してから移住した1世も世代としては同じになる。しかし、子どもの場合新しい言語環境に入った時期やその前に受けた教育により、現地語の習得の速度、母語保持または喪失の程度、その後の社会統合のプロセスが大きく異なるため、同じ1世と考えることは実情に合わない。そのため、1世と2世の間をさらに分け、1.5世代（Rumbaut, 2006）とする新しい概念が必要になる。本章では、日本国内における言語文化的多様性の広がりを概観するために、日本育ちの外国につながる大学生のニーズや現状を、神奈川県の短期大学の事例から考察する。

2. 日本における外国につながる子どもたち

　日本では、1990年以降日本に中長期滞在する外国人の数は増加の一途をたどり、2019年には250万人を超えた（法務省, 2019）。増加したのは成人だけではない。日本の小学校、中学校に在籍する外国籍の子どもの数も2019

年には約9.6万人となった一方で、義務教育年齢の子どものうち約1.9万人（15.8%）の就学状況が不明であることが明らかになった（三好, 2020）。日本育ちの外国につながる子どもたちは、留学生や帰国生とは異なり入試でも特別な枠が設けられているわけではないことから、日本の教育システムの中で可視化されることはほとんどない。そもそも日本では、外国人の子どもには就学義務がないことに対する問題（佐久間, 2015）が指摘されて久しいが根本的な解決には至っていない。

　学齢期の外国人児童生徒に関する教育課題として、志水（2008）は、「不就学」「適応」「言語」「学力」「進路」「アイデンティティ」の6つを指摘してきた。90年代には日本語力や適応の問題が課題とされていたが、2000年代に入り、教科学習に必要な日本語力の習得や高校に進学できる学力をいかに保障していくかにも関心が集まるようになった。日本育ちの外国人児童生徒は将来も日本に定住する可能性が高い。現代の日本の社会では、高校卒業の資格はあらゆる職業において必須であるが、日本人の高校進学率が約98%であるのに対して、外国人生徒の高校進学率は日本人よりはるかに低く75%程度にとどまっていると言われている。また、高校を途中で退学するケースも日本人生徒に比べれば高いことも指摘されている（宮島, 2014）ものの、地域差や個人差もあり実態がつかめていない。いわんや、大学進学を果たした日本育ちの外国につながる学生は、ほとんど可視化されることがない。

　さらに、両親のどちらかが日本国籍である国際結婚も増加している。夫妻の国籍別にみた年次別婚姻件数（人口動態調査, 2020）によれば、調査の始まった1965年には0.4%だった国際結婚率は、81年：1%、91年：3.4%、2001年：5%と20年間で5倍になった。その後も増加しピーク時には6.1%（2006年）に達したが、その後減少に転じ、2011年以降は3.3〜3.9%の間で推移している。本調査を行った2020年時点で大学1年生だった人々が生まれた頃が、国際結婚が最も多かった時期に該当する。国際結婚家庭の子どもたちは、日本国籍を持っていることが多いため、外国人児童生徒の調査や日本語指導が必要な児童生徒の調査の対象にならないこともあり、両親が外国人の児童生徒に比べると目立たないこともある。しかし、彼らもまた日本の教育現場の

言語文化的多様性の広がりに貢献する存在であることは間違いない。

2.1　移民した時期による世代区分と特徴

　言語形成期に国を越える移動を経験した子どもたちは、入国年齢、滞在年数、母国での教育、移民先で受けた教育の有無などにより、家庭言語（母語）や現地語の言語能力に大きな違いが生まれる。母語と現地語の言語の力は、移民先の社会への統合の過程やアイデンティティ形成への影響が大きいが、いつその国に来たかを示す入国時年齢が最も重要であると考えられ、より細かく区分した世代類型が生まれた。

　表1は、米国における移民の世代の類型（中島, 2012）である。この類型では、18歳以上で移民した人々を1世、13 〜 17歳で移民した人を1.25世とする。移民先で生まれ、両親とも外国生まれの場合を2世とし、5歳以下で移民した人を1.75世、6 〜 12歳を1.5世とする。

　教育を受けた場所と滞在年数により強い言語が異なるため、1.25世は1世に近く、成長しても母語を保持している可能性が高い。一方で、1.75世は2世に近く、母語は弱い可能性が高いということになる。1.5世は、6歳から12歳の間に新しい環境に入ったことになるが、母語の保持については入国時年齢や家庭環境により大きく異なる。例えば、11歳以降なら母語でのリテラシーが身についてから入国しているため母語を喪失する可能性は低いのに対し、6 〜 7歳の場合まだ母語のリテラシーは身についておらず、新しい言語の習得とともに母語が弱くなり、伸び悩む、悪くすれば失うことにもなりかねない。

表1　米国における移民の世代の類型

類型	(1)	(2)	(3)	(4)	(5)	(6)
出生地	外国	外国	外国	外国	居住地	居住地
入国時年齢	18歳以上	13-17歳	6-12歳	5歳以下	両親外国生まれ	片親外国生まれ
世代	1世	1.25世	1.5世	1.75世	2世	2.5世

（関口, 2008, p. 82及び中島, 2012, p. 46より引用（一部改変））

1.5世〜2.5世をまとめて「1.5世代」と分類される（Rumbaut, 2006）。「1.5世代」の現地語の力はどうかというと、母語の訛りが残る可能性がある1.25世に比べると、流暢さがあり母語話者と言える。しかし、大学生になっても「1.5世代」の現地語の力はモノリンガルの言語力とは異なる面があることも指摘されている。

2.2　米国における「1.5世代」の大学生

米国では、1980年以降、学齢期の子どもに占める英語以外の家庭言語を使用する子どもの数が30年の間に倍増したことにより、「1.5世代」大学生も増加し、大学教育の現場では、彼らの英語力について問題が浮き彫りになってきた。非英語圏から米国に移民した場合、英語で教科学習に必要な能力を習得するには5年から7年かかると言われる。つまり仮に12歳で入国したとしたら、平均的には大学進学時点にはかろうじて追いつく計算となる。「1.5世代」には、現地生まれの2世や幼少期入国の1.75世も含まれるが彼らには違いはないのだろうか。実は、現地生まれや幼少期に入国した子どもの方が、教科学習言語の習得に長い年数（8 〜 10年）を要するという研究結果もある（中島, 2016）。一見、流暢な現地語を話す「1.5世代」も教科学習言語の能力について、まだ盤石とは言えない可能性がある。

「1.5世代」大学生の言語能力の特徴を、Harklau et al. (2003) は、次のようにまとめている。発音や流暢さは母語話者並みであるが、教科学習能力の弱さが見られる。また、文法にも不正確さが残り、語彙力も不十分、書くことも苦手な場合が多いという。彼らは言語的な弱点を、暗記力を磨くなどの努力や様々な学習ストラテジーを駆使することで大学進学を果たしてきたと分析する。さらに、「1.5世代」の共通点として、現地生まれが多いことや母語を喪失していることが多いなども指摘されている。米国の大学では、「1.5世代」の新入生のために導入教育や特別なライティングの教育を行っている。

カリフォルニアでは、学齢期の子どもの半数近くが家庭では英語以外の言語を使用していると言われる。サンフランシスコ近郊で育ったフィリピン系子世代を調査した関 (2013) によれば、この地域のフィリピン系の移民は看

護や介護の分野で職を得る人々が多く、高校卒業後の進路としては、4年制の州立大学よりも2年間のコミュニティカレッジに進学することが多いという。フィリピン系の人々は医療関係の職に多いことから、親世代は安定した職として医療系を勧めるが、子世代にとっては必ずしも本人の望むものではなく、親子の間に様々な葛藤があることや、子世代同士でも世代間で（米国生まれの2世とフィリピン生まれで学齢期に移動した1.5世）アイデンティティや仕事に対する価値観は異なると言われる。フィリピン系の人々は英語が堪能な人も多いことから、他の民族集団とは職業や進学について異なるかもしれないが、親子関係や世代間の考え方の違いには、移民家族に共通する点もあるのではないだろうか。

2.3　移民の適応戦略と受け入れ社会との関係

　前項でも述べたとおり、北米では移民の第2世代の研究は進みつつあるのに対し、日本ではニューカマーの第2世代という概念は今世紀に入り徐々に注目されるようになってきたところと言えるだろう。第2世代は社会にどのように適応し、ホスト社会への適応の仕方と家庭における言語や母文化の保持にはどのような関係があるのだろうか。図1は、移民の適応戦略と受け入れ社会の対応戦略の4類型（額賀他, 2019）を表している。それぞれの移民の民族集団の適応には、同化（Assimilation）、分離（Separation）、統合（Integration）、周縁化（Marginalization）がある。そして、より大きな社会のあり方は、「るつぼ Melting Pot」、「排斥 Exclusion」、「多文化型 Multiculturalism」、「隔離 Segregation」がある。

　るつぼ型の社会ではマイノリティは同化する方策をとり、移民を排斥する社会では、分離する方策をとる。また移民を周縁化する社会では、マジョリティとは接点を持たない隔離戦略をとる。統合型戦略をとるのは多文化型の社会において可能である。Berry（2005）は、移民が社会に統合するためには、その社会が移民の文化に対して開かれており、包摂的であることが必須であると主張している。また、受け入れ側（マジョリティ）と移民（マイノリティ）の双方が変容（mutual acculturation）しなければならないと

した。額賀他（2019, p. 169）はそれぞれの適応戦略の特徴を以下のように説明している。

1. 同化は移民が母文化を捨て、ホスト社会の言語や文化を獲得して自分のエスニック集団以外の集団（特にマジョリティ集団）と関係を強くもつ。
2. 分離は移民が母文化を維持して自分のエスニック集団に強い帰属意識をもち、ほかの集団との関係構築を避ける。
3. 統合は移民が母文化を維持すると同時にほかの集団との関係性も構築する。
4. 周縁化は移民が母文化を失ってエスニック集団に帰属することができず、またほかの集団との関係性も構築できない。

図1　移民の適応戦略と受け入れ社会の対応戦略の4類型

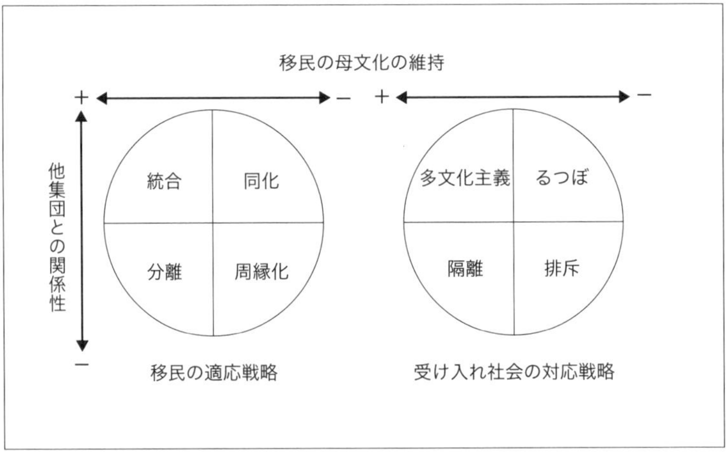

(Berry, 2005)（額賀他, 2019, p. 169より引用）

　移民第2世代の子どもたちの適応と学力の関係について、大規模な調査をしたポルテスとルンバウト（2014）によれば、「マジョリティ文化も獲得しながら母文化も維持するという「統合」を果たす子どもたちが多く存在し、しかもそれが高い学力につながっている」という。しかし、統合型戦略をとるには、個人的な要因だけではなく育ったコミュニティや学校環境が大きな影響を与える。額賀他は、適応戦略は本人が選択することは難しく、受け入れ

社会の制約を受けることから、アメリカにおいて第2世代にバイリンガル・バイカルチュラルが育っているとしたら、アメリカが取り組んできた多文化教育の成果であると分析している。

　日本も多文化共生社会を目指し、今現在様々な改革が行われようとしているが、まだまだ包摂的とは言い難い。佐久間（2015）によれば、日本の外国人の子どもの教育施策はオールドカマーへの対応に準じて行われてきたが、グローバル化の深化が「法と人のグローバル化」をもたらした結果、排除から包摂へと変化しつつあるという。国際社会での世界人権宣言や子どもの権利条約等の遵守が避けられなくなったことと、移動する人々の多様性が増したことで、オールドカマーだけでなく、より多くの人々に対応できる施策をとる必要が生じた結果、包摂へと向かわざるを得なくなったと述べている。

　現在大学生の若者たちが育った時代は、ちょうど日本がグローバル化の波を受け変容し始めた頃である。彼らはどのような社会で育ち、どのような戦略で日本社会に生きているのだろうか。次項では日本で育った外国につながる若者の学業達成について考える。

2.4　日本育ちの外国につながる若者の大学進学

　神奈川県は、学齢期の外国人児童生徒数が全国で愛知県についで2番目に多い。外国につながる子どもたちの高校進学を助けるために、2022年度県立高校入試では「在県外国人等特別枠」が全日制高校16校、定時制高校2校（ME-net, 2021）に設けられ、受験時に在日6年以内の生徒が受験することが可能となっている等、先進的な取り組みが実施されている。

　1961年に設立された神奈川県立外語短期大学では、90年代後半から外国につながる学生が徐々に増加し、2008年には全学の8.5%に及んだという。坂内（2012）によれば、60 〜 90年代はオールドカマーが大多数であったが徐々にニューカマーが増加してきたという。98年から2009年の12年間の対象者38名[1]の内訳は、両親外国籍16、国際結婚15、特別永住者5であった。

1　神奈川県立外語短大の一学年定員は100名。2011年（平成23年）度末をもって閉学した。

特別永住者を除く内訳は、中国7、台湾1、南米6、インドシナ2、フィリピン4、欧米6、その他5となり、中国帰国者やインドシナ系の学生がいることは地域的な特徴[2]であると分析する。また、南米ルーツの学生が入学したのは2003年が最初であるという事実は、1991年の入管法改正により、日系人が単身の出稼ぎから家族帯同へと変化していった時代背景とも一致する。つまり、90年代に6歳から12歳で渡日した「1.5世代」が、2000年代初頭に大学への進学を果たした可能性は大いにある。

　日本人と同じ入試で入学するためには日本語習得は必須であり、教科学習に必要な日本語力を習得するには5〜7年はかかることから考えると、遅くとも10歳頃には渡日していることが必要である。坂内は、多様な学生の増加について、AO入試など受験生の資質を幅広く見ることができるようになったことや、私立大学に比べて学費の安いこともその要因であると分析しているが、今後グローバル化が進めば外国につながる学生の増加が見込まれるため、大学での学びの中で、彼らに対する何らかの教育上のサポートが必要になる可能性についても言及している。卒業生がどのようなライフコースを選んだかについて、卒業後の追跡はできてはいないというが、少なくとも2000年代には就職活動において国籍による不利益はあまりなかったのではないかと述べている。

　移民の子どもの学業達成の指標の一つとして短大あるいは大学進学が考えられるが、日本育ちの外国人生徒の大学進学に影響する要因に関する研究は多くはない。清水他（2021）は日本育ちの移民第2世代に対して行った調査結果から、大学進学に影響を与えうる要因として、親の学歴、居住地（エスニックコミュニティのある団地か否か）、日本語能力、学習意欲、エスニシティの学業達成を挙げている。つまり、親が大卒の方が、家庭内に教育を重視する環境ができ、子の学習意欲に好影響に働き、その結果大学進学に有利に働く可能性が高くなるが、外国人の集住する団地に居住する場合、社会関係資

2　神奈川県は、中国残留邦人と家族からなる中国帰国者やインドシナ難民と呼び寄せによる人々が比較的多い。

本へのアクセスが難しくなるなどの理由で大学進学には不利になる可能性が
あると解釈できる。さらに、高い日本語力や高い学習意欲は進学に有利にな
る可能性が考えられると分析している[3]。

3. K短期大学の外国につながる学生の教育

　60年代に設立された英語科単科のK短期大学でも、2000年頃から入学者
の中に外国につながる学生[4]が見受けられるようになった。

　外国につながる学生とは、言語文化的多様性を持つ家庭に育った学生で、
外国人の両親または片方の親が外国籍、または日本語非母語話者で、留学生
や外国育ちの日本人学生（帰国生）を除く。また、海外での生活経験の有無
は問わないが、学齢期の少なくとも後半を日本で過ごした学生とし、国籍は
問わない。つまり、一般的な留学生ではなく、日本生まれ、あるいは日本育
ちの外国籍の学生や海外で生まれ学齢期に移動した学生などで、日本国籍の
場合は、国際結婚で二重国籍の学生や入学前に日本国籍を取得した外国につ
ながる学生が該当する。他にも日本人であっても海外での教育が長く、日本
語以外の言語で一定期間教育を受けた学生の中には入学時点で日本語が弱い
場合があり、外国につながる学生のような特徴を持つ人もいる。さらに、海
外経験はないが、12年間の基礎教育の全てを日本国内の外国人学校（イン
ターナショナル・スクール、アメリカン・スクール、朝鮮学校等）で教育を
受けた学生などもいる。

　2000年代に入り、多様な言語文化的背景を持つ学生を見かけるようには
なっていたが、一体全部でどのくらいの人数がいるのか、彼らの日本語力は

3　この調査では、ポルテスとルンバウト（2014）の研究枠組みに従って分析が行われ、
　　中国、ベトナム、カンボジア、フィリピン、ブラジル、ペルーの第2世代170名が対象となっ
　　ている。
4　本章では、外国につながる学生、言語文化的多様性を持つ学生、多文化学生は同義で
　　用いている。ただし多文化学生と言うときは、K短期大学の導入教育「多文化クラス」
　　の学生を指すため、言語文化的多様性以外の多様性（例：社会人経験者）を文脈によっ
　　ては含むこともある。

どうなっているのか、日本の学校文化で戸惑っていることはないのかなど、実態はつかみきれてはいなかった。なぜなら、日本語と英語の面接で選考するAO入試等で入学した場合、受験生の日本語の読み書きの力を入学前に測る機会は限られるからだ。しかし、入学後教養科目や専門科目では、当然日本語母語話者レベルの読み聞き能力が必要になる。休退学者や進路未決定者の中に、外国につながる学生が混じり日本語力の問題が疑われるようになってきたことから、学科として対策を講じることとなった。

3.1　新入生アンケート

　まず、学生の実態やニーズを知るために、2012年から新入生導入教育で言語文化的多様性を持った学生たちのための「多文化クラス」[5]を編成することになった。このクラスを編成するために、通常の新入生アンケートに海外での就学経験や家庭で使用される言語に関する項目を加えた。新たに加えた項目は、「海外生活の有無、海外の滞在先での生活詳細：滞在期間、滞在時の年齢、現地への入国年齢、現地での就学の有無（学校種、学年）、言語能力と環境：日本語と英語以外に理解できる言語：今はできないが昔はできた言語（母語、継承語の有無）：家族に日本語が母語ではない人がいるか否か」などで、言語文化的多様性を持つ学生を抽出することを目的とした。さらに、この章の執筆にあたり、「多文化クラス」の在学生と卒業生の一部（計13名）に基礎ゼミクラスに関するアンケート[6]とインタビューを行った。

3.2　新入生導入教育の内容

　導入教育「基礎ゼミナール」は、1年次生必修で、通常1クラス25名程度の

5　多文化クラスの編成目的や方法は、学生には公表されていない。
6　アンケートは次の5つの質問から構成されている。質問1：最初に基礎ゼミクラスに参加した時、外国につながる学生がいることに気がつきましたか。そしてどのように思いましたか。質問2：自分のクラスと他のクラスと比べて、違いがありましたか。あるとしたらどのようなことですか（教え方、内容、雰囲気など）。質問3：基礎ゼミのクラスの人たちとその後も交流はありますか。質問4：基礎ゼミクラスのような環境で授業を受けたことは、高校までありましたか。質問5：このような基礎ゼミクラスを今後も作った方がいいと思いますか。理由も教えてください。

クラス編成となる。この科目では、(1) 大学の教育理念を学ぶ、(2) アカデミックスキルを身につける、(3) 大学での学び、卒業後の進路について学ぶが、「多文化クラス」にはこれに加えて、「1.5世代」の日本語・学習ストラテジーへの支援、学修に関して学生のニーズを把握し、言語文化的多様性を持った学生の居場所を作るという隠れた目的がある。

　「基礎ゼミナール」で学ぶ言語スキルとしては、日本語での発信力（書くことと話すこと）に力を入れている。書くことでは、様々な科目で求められるリアクションペーパーで、要約と意見が短時間でまとめられるようになること、小論文が書けるようになることが目標だ。話すことでは、学期中に一度「自分」をテーマにプレゼンテーションを行う。外国につながる学生の場合は、これが各自のこれまでを振り返り、クラスメイトに自分について何をどう語るかを考える機会となる。

4. 結果と考察

4.1「多文化クラス」の言語文化的多様性の実態

　2012年に「多文化クラス」が始まった当初は、外国につながる学生で定員約25名を満たすことはできなかった。そのため、社会人経験者や既卒者など高校卒業後時間の経っている学生、学齢期の後半を海外で過ごした帰国生、留学経験者など、一般的な学生とは異なる多様な経験を持つ学生も含めて編成した。しかし、徐々に外国につながる学生が増加し2019年には29名にまで増加したため、多文化を持っていても他のクラスに分けられることもあった。外国につながる学生の増加に伴い、帰国生や留学経験者に関しては言語形成期の後半（小学校）に現地校で就学した学生を海外滞在年数の長い順に「多文化クラス」に入れることとした。

　図2は、2012年度から2019年度までの新入生に占める外国につながる学生数と国際結婚家庭出身者数を表す[7]。日本生まれの人数は正確にはわから

7　多文化クラスの定員は約25名なので、総数を25名から引いた残りは言語文化的多様性以外の多様性を持つ学生（例：社会人経験者で年長の学生など）となる。

ないが、1.25世（13歳以降渡日）はどちらかといえば少数で、1.5 ～ 1.75世と日本生まれ（2世）が半々程度だと言えよう。2012年は両親のどちらか一方が日本人の国際結婚家庭の学生は3名（33%）に過ぎなかったが、アンケートに家族の国籍[8]に関する質問を加えた2013年以降は57% ～ 100%にまで上昇した。2016年以降、多文化学生数は増加傾向にあり、国際結婚家庭の占める割合も増加傾向にあると言える。

図2　年度別外国につながる新入生数と国際結婚家庭数

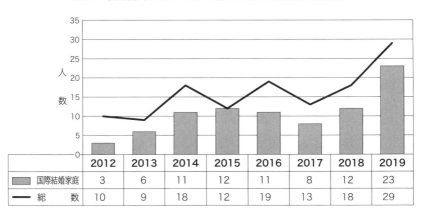

	2012	2013	2014	2015	2016	2017	2018	2019
国際結婚家庭	3	6	11	12	11	8	12	23
総　　数	10	9	18	12	19	13	18	29

　表2は学生がつながりのある地域と国を表す。最も多いのはフィリピンの35名、ついで中国20名、ペルー 10名、ブラジルとアメリカ各9名、台湾7名、韓国6名の順となっている。これらの学生のうち、ペルー、ブラジル以外は国際家庭の比率が高く、8 ～ 9割を超える。国際結婚が少ないのは、アジアではベトナムとカンボジア（計3名）、あるいは南米（20名中国際結婚は3名）で、前者は親か祖父母がインドシナ難民受入で来日、後者は日系人の受入[9]により来日した可能性が高い。中国につながりのある学生の中には、すでに日本国籍を取得した中国帰国者もいた。学生の多様な出身国や国際家庭の存在は、

8　本人の国籍以外に、「家族の中に外国籍の人はいますか。はい　いいえ」の形で尋ねたところ、国際結婚家庭の可能性がある学生が抽出できるようになった。

9　日本国内の労働力不足を補うために、1990年の入国管理法改正により日系3世（配偶者と子も含む）までに就労に制限のないビザの取得が可能となった。

現在の日本における「内なる国際化」（第1章参照）の現状を表していると言えるだろう[10]。

表2　多文化学生のつながる地域（2012～2019年度）

地域	アジア	欧米	アフリカ	南米	中東	不明	計
人　数	79	16	2	20	5	6	128
つながる国（地域）	中国、韓国、香港、台湾、フィリピン、ベトナム、カンボジア、マレーシア、タイ、インドネシア、インド、スリランカ	アメリカ、カナダ、イギリス、アイルランド、フランス、ロシア	ケニア、ガーナ	ブラジル、ペルー、コロンビア	イラン		
国　数	13カ国（地域）	6カ国	2カ国	3カ国	1カ国		25カ国

　K短期大学の試みは、坂内（2012）調査の3年後に始まったが、国内の短期大学の多文化化を縦断的に表していると考えられるのではないだろうか。両大学に共通するのは、2年間で学べること、英語科単科大学という点だ。外国につながる学生たちは、家族や親戚が海外に散らばるグローバルなネットワークの中で生活しているため、海外とのつながりを求めて、3つ目の言語として英語を身につけたいと考える可能性は十分にあり得る。また、短期大学卒業後に学力や家庭の経済状況によって、4年制大学への編入学を選択できるという意味でも選びやすいのかもしれない。

　学生のニーズについて言えば、片親が日本人であっても、言語的、あるいは文化的な支援が必要な場合があることもわかった。なぜなら、国際結婚家庭の場合、欧米系の場合は母親が日本人であることが多いのに対し、アジア系の場合母親が外国人であるケースが大多数だからだ。母親が外国人の場合、子どもは最初からモノリンガルとして成長するか、幼少期に母語離れを起こすことが多く、国際児も「1.5世代」と似たような言語環境となる。非母語話者である母親の日本語では、日常生活には支障はなくても

10　新入生アンケートへの回答は任意であることから、親の出身国など不明な点もあるが、外国につながる学生の実数はもっと多い可能性が高いと考えられる。

認知的発達の土台を支える概念形成などには十分ではない場合が多く、小学校低学年などで支援を必要とすることも多い。また、母親が日本の教育システムや学校文化がよくわからないため、子育てにおいて様々な困難を乗り越えねばならない点も共通する。さらに、子どもも、学校文化と家庭の文化が異なることで、学校では外国につながる子どもと同様に言語文化的少数派となる可能性が高い。

4.2 「多文化クラス」の役割

　図3は、中間授業評価アンケート[11]（2012 ～ 2017年度）の自由記述の内容（日本人学生を含む）を、①言語、②多様性、③雰囲気、④教え方、⑤情報の5つに分類し集計してグラフ化したもので、表3は記述の中で多かったものを抜粋した。図3において、学生のコメントで最も多いのは、クラスの雰囲気に関するもので全体の記述総数の40%に相当する。具体例は、「発言しやすい、距離が近い、発言の機会が多い、積極的に参加できる、楽しい、面白い、明るい、フレンドリー、気が楽、リラックスできる」などが挙げられる。

図3　基礎ゼミナール「多文化クラス」に対する意見・コメントの分類
（2012 ～ 2017年度）

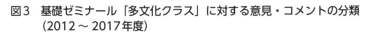

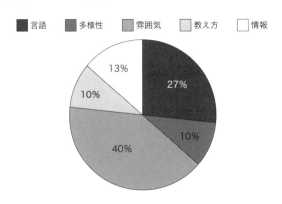

11　中間授業評価アンケートは、学期の中ほどで行う授業アンケートで、クラス運営や内容について学生の意見を聞き、後半の授業改善につなげるシステム。

表3　基礎ゼミナール「多文化クラス」中間授業評価アンケート自由記述の一部抜粋（2012 ～ 2017年度）

言　語	わかりやすい、日本語力に対応してくれる、明確な訂正、文の書き方を学べた、要約のスキルがついた
多様性	個人を尊重、学生の多様性がある、教室内で国際交流ができる、多様な意見を聞ける
雰囲気	発言しやすい、距離が近い、発言の機会が多い、積極的に参加できる、楽しい、面白い、明るい、フレンドリー、気が楽、リラックスできる

　「多文化クラス」になった学生はクラスの最初の日に、クラスメイトの外見、態度、表情、名前から普通のクラスではない雰囲気を感じとるようだ。いつも言語文化的少数派だった自分が多数派になった瞬間である。「多文化クラス」では、皆が積極的で日本人だけの時とは異なる賑やかなクラスになることが多い。

　多文化クラス経験者の在学生と卒業生に対して行ったアンケートの「質問1：最初のクラスで多文化の学生がいることに気がつきましたか。その時の印象を教えてください」に対しても、学生たちが最初にクラスの違いを感じとり、肯定的に評価していたことがわかる。

A：今までの教育課程の中で 同じクラスに自分以外の多文化の学生がいたことが少なかったため、自分と同じ境遇の仲間がいる事が嬉しかった。
（つながりのある国：フランス）

B：高校までは自分と同じような多文化ルーツを持つ子がほぼいなかったので、1クラスに半分もいわゆる「日本人」の見た目をしていない人がいることに驚き、すごく新鮮でした。
（つながりのある国：イラン）

C：自分のカタカナの名前が苦手だったのですが、同じような名前の人が沢山いて、恥ずかしさとかがなく、自分は居心地がよかったです。
（つながりのある国：ブラジル）

D：クラスに入ったとき、みんなの顔でわかりました。多文化が入り混じ
　　ると、自分とは違った価値観を知ることができるので、このクラスに
　　参加できて良かったと思いました。

（つながりのある国：中国）

　2番目に多かったのは言語に関するコメントで、「わかりやすい、日本語
力に対応してくれる、文の書き方が学べた」などが見られる。多文化クラス
の学生の日本語力について、アメリカの「1.5世代」の言語力（Harklau et al.,
1999）と共通する状況が見られた。つまり、日本育ちの外国につながる学生は、
会話は流暢だが、学習言語の語彙や表現はモノリンガル学生とはかなりの差
がある学生も少なくない。13〜17歳で来日した1.25世が大学レベルの講義
科目を理解することは、日本語能力試験がN1レベル[12]だとしてもまだまだ
難しく、日本語でレポートを書くにはサポートが必要だろう。12歳までに
渡日した1.5世であっても、小中学校時代日本語で苦労した経験を持つ学生
も少なくないと考えられる。また、国際家庭や両親が日本人でも海外生活
が長かったり、外国人学校で教育を受けたりした場合は、日本語が継承語[13]
となっている場合もある。人によっては複雑な生育環境によって、言語形成
期の一時期に家庭言語と現地語の能力がどちらも年齢相応の母語話者レベル
に達していないリミテッドバイリンガルを経験したであろう学生も時々見か
け、学生たちのことばの力は実に多様である。
　このクラスでは、意図的に音読をさせて学生の漢語の語彙力を試したり、
基本的な事柄を確認したりしながら進めるが、そのことを学生たちはどのよ
うに感じていたのだろうか。アンケート「質問2：自分のクラスと他のクラ
スと比べて、違いがありましたか。あるとしたらどのようなことですか（教
え方、内容、雰囲気など）」では、以下の記述が見られた。

12　日本語能力試験とは、日本語を母語としない人を対象に日本語能力を認定する検定
　　試験で最上級のN1からN5まである。通常大学の正規学生として求められるのはN1レ
　　ベル。
13　継承語とは、家庭言語（母語）が現地語の影響で現地語より弱くなった場合、継承
　　語（heritage language）と呼ばれる。

D：中には日本語を学習中のクラスメイトもおり、教科書をみんなで読み進めていくのも大仕事という雰囲気でした。しかし、周りで助け合っていったおかげで一体感もあり仲良くなるのも早かった気がします。

（つながりのある国：イギリス）

E：漢字やイントネーションが苦手だった自分にとっては、気兼ねなく聞くことができたし、音読とかは嫌いだったけど、間違えても笑われたり、バカにされたりしないと知れて、逆に堂々といることができて、音読なども率先してやっていたと思います。

（つながりのある国：ブラジル）

G：パソコン室で課題をしていた時に日本語の理解に追いつけず課題が進まない、と同じ基礎ゼミの生徒が困っていました。あとから友達がきてタガログ語で教えていました。それができるのは同じ基礎ゼミだったからだと思います。また、授業中に理解しきれなくても後から聞けるので安心感があると思います。日本人の友達よりも他国とルーツを持っている人がそばにいる方が「自分の日本語は劣っている」と感じにくくなり、気持ちも楽になるのかなと思います。

（つながりのある国：フィリピン）

4.3　外国につながる学生の社会との関わり

　ところで、彼らは日本社会とどのように適応（額賀他, 2019）しているのだろうか。日本で大学進学を果たしている時点で、「分離」や「周縁化」ではなく、「同化」か「統合」という適応戦略をとっている可能性が高い。一方で、朝鮮学校や米軍基地内のアメリカンスクールで12年間教育を受けた例などは、「分離」（母文化を維持して自分のエスニック集団に強い帰属意識を持ち、他の集団との関係構築を避ける）に近い環境で過ごしてきたと言えるかもしれない。そのような学生は、他の言語文化的多様性を持つ学生とは異なる目的や困難さを持つことが予想されるため、アメリカンスクール卒業生である

元学生にインタビューを行った。

　元学生の話では、日本の大学への進学は母親の勧めであったという。目的は、将来も日本に住むとしたら、もっと日本語を学ぶ必要があるということで、本人も納得して入学したそうだ。しかし、家庭言語の日本語力と公的な場で必要とされる日本語力の違いや読み書きの力など日本語力ではかなり苦労したこと、また同世代の友達との日本語での会話についていけなかったり、文化的な違いに苦悩したりしたことを語った。短大卒業後、4年制大学へ編入し、中高一貫校で英語講師をしながら大学院で学んでいる。その姿は、日本語の世界と日本国内の英語話者の世界の両方に関わりながら、「統合」型適応戦略をとりつつアイデンティティを確立しつつあるように見える。

　外国につながる学生は、少なくとも2言語、あるいは3言語以上というマルチリンガル・マルチカルチュラルな環境で成長する。2言語を使う人をバイリンガルというが、バイリンガルは実に多様なタイプがある。2言語の読み書きができるタイプ（読み書き型）や片方の言語でのみ読み書きができ、もう一つは会話ができるタイプ（会話型）、あるいは聞いてわかるが話すことはできないタイプ（聴解型）などである。日本の学校で教育を受けた場合、家庭言語（母語）での読み書きまで身につけることは難しく、多くは会話型か聴解型になる。中には、完全に母語を喪失し、日本語モノリンガルとなってしまうことも珍しくない。

　「同化型」適応の場合は、「日本語モノリンガルまたは、聴解型バイリンガル」、「統合型」適応の場合は「会話型、あるいはある程度の読み書き能力も保持したバイリンガル」である可能性が高いようだ。移民家庭で両親が1世の場合は、多くが日本語以外の家庭言語を使用しており、民族コミュニティと日本社会の両方に軸足を置く「統合型」と言えるだろう。大学での環境は多文化を持つ学生のアイデンティティにどのような影響を与えうるのだろうか。アンケート「質問4：基礎ゼミクラスのような環境で、高校までに授業を受けたことはありますか」という質問に全員が「ない」と答えた。そのことから高校までの彼らの適応戦略や周りの環境を推察できる。

B：高校まで公立の学校に通い、日本語ネイティブなので国際教室にも通っていなかったので多文化クラスはなかったです。400人近い一学年に見た目がいわゆる「日本人」ではない人は数人しかいなく、関わることもありませんでした。……私の住む地域は主に韓国にルーツを持つ人たちが多く、見た目ではわからないので、私のように見た目でわかる人がすごく目立ち、いじめの標的になることも少なくありませんでした（小学生の頃、黒人ハーフの子は可哀想なくらいかなりいじめられてました…フランスハーフの子も外国名だったのでかなりいじめられてました）。しかしそのような子は日本語ネイティブで国際教室には入っていなかったので繋がりもなく、私も含めひとりぼっちの気分でした。（短大の基礎ゼミクラスで）少しでも繋がれる機会があることで自分は1人じゃないことを認識できたのではと思います。

（つながりのある国：イラン）

　学校などで言語文化的少数派となった場合、お互いにその存在を意識していたとしても、「目立ちたくない」意識が働き、わざわざ知り合いになることはできないことがわかる。基礎ゼミナール初日の安心感は、高校までの、人と違うということがいじめへと発展する過酷な現実を生き延びてきた彼らにとって、想像以上に喜びだったかもしれない。
　さらに、アンケート「質問5：基礎ゼミクラスを今後も作った方がいいと思いますか。理由も教えてください」に全員があった方がいいと答え、その理由を説明した。

H：いいと思います。自分と同じような子たちと出会えるので楽しいし、今までは他のクラスではいつもマイノリティだけど、ここではそれ（自分と同じ）が当たり前だから自分もマジョリティ側になれるという今までになかった空間を体験できるから。

（つながりのある国：ペルー）

141

F：あった方がいいと思います。自分がこのクラスで出会った人たちが自分のアイデンティティを確立させて、マイナスにしか思ってなかった自分のことを肯定することができ、自分を見つけることができたため、同じようにアイデンティティが確立していなかったり、自分のことを肯定することのできなかったりする子がいれば、このクラスがあるべきだし、自分の居場所にもなるからです。

(つながりのある国：ブラジル)

　基礎ゼミナール「多文化クラス」は、自分と同じようにマジョリティである日本人の学生とは異なる言語文化や家庭環境を持つ学生が、高校までの自分自身の殻を破り、自己を客観的に見直す機会を提供できていた可能性がある。高校までは、目立たないよう、いじめられないよう、ルーツを隠し言語や学習における弱点が知られないようにと生きてきた彼らが、自分自身をそのまま受け入れてくれる仲間に出会い、学内に居場所ができたことで、大学での学びを豊かなものに変えていると言えるのではないだろうか。

5. おわりに：マジョリティ教育への示唆

　キャンパスの多文化化から見えてきた教育の課題について、次の3つ (1) 言語文化的多様性を持つ学生の可視化とエンパワメント、(2) 言語文化的多数派の教育、(3) 教員の意識改革を挙げる。

　まず、多文化学生に必要なことは、言語面での支援だけではなく、アイデンティティのエンパワメントであることが、年数を重ねるにつれてわかってきた。「多文化クラス」は学生が同じような仲間を持つことで自己肯定感を増し、自尊感情を育てることに貢献している。アイデンティティのエンパワメントにつながる教育のためには、学生の居場所作り、自尊感情、自己肯定感を高めること、違いを力にする発想の転換を促す教育や体験が必要になる。

　次に、「多文化クラス」になった日本人の学生[14]たちは、一様に視野が広がり良い経験をしたと言う。彼らは、おそらく生まれて初めて、教室で自分

たちが言語文化的少数派になる経験をする。そして、クラスメイトの声を聞き、多数派という立場からは見えなかった外国につながる人々の遭遇する困難や不平等に気づき、社会的公正について考える機会となるのだろう。外国につながる学生の存在を可視化し、ともに学びあう包摂的なキャンパスを作るためには、多数派である日本人学生の教育は必須である。

　最後に、教員側にも、言語文化的多様性を持つ人々の言語力の特徴や内面的な葛藤、文化適応に関する共通認識が必要だ。将来的に、多くの高等教育機関において多様な生育歴を持つ学生は増加していくだろう。彼らを「見えない存在」のままにとどめるか、それとも多様な意見や価値観を学びあう国際共修の機会を提供できる人材とするかは、言語文化的多数派への教育と受け入れる大学の姿勢にかかっているだろう。

　本章では、大学における多文化化の現象に焦点を当て、日本育ちの外国につながる学生が増加しつつある現状を分析するとともに、彼らの言語力の特徴や教育的ニーズについて分析を試みた。多様性を認めるキャンパス作りは、外国につながる学生だけでなく、日本人学生に対しても社会的公正に対する教育を行い、組織自体が意識を変えていくことによって実現できるのではないだろうか。

参考文献

佐久間孝正（2015）『多国籍化する日本の学校：教育グローバル化の衝撃』東京：勁草書房

志水宏吉（2008）『高校を生きるニューカマー：大阪府立高校に見る教育支援』東京：明石書店

清水睦美・児島明・角替弘規・額賀美紗子・三浦綾希子・坪田光平（2021）『日本社会の移民第二世代：エスニシティ間比較でとらえる「ニューカマー」の子どもたちの今』東京：明石書店

人口動態調査（2020）「夫妻の国籍別にみた年次別婚姻件数・百分率」『人口動態調査　人口動態統計　確定数』表番号9-18. https://www.e-stat.go.jp/dbview?sid=0003214861

14　前節で紹介した中間授業評価アンケートには日本人学生のコメントも含まれている。

関恒樹（2013）「越境する子どものアイデンティティと「家族」の表象：アメリカ合衆国におけるフィリピン系1.5世代移民の事例から」『文化人類学』78（3）、367-398頁

関口智子（2008）「越境家族の子どもたち：新移住者第二世代の言語とアイデンティティ」『南山短期大学紀要』36、75-101頁

多文化共生教育ネットワークかながわ（ME-net）（2021）「神奈川県公立高校入学のためのハンドブック」https://hsguide.me-net.or.jp/（閲覧日：2021年9月10日）

中島和子（2012）「定住二世児の継承語と日本語の関係とその評価」『平成21-23年度科学研究費補助金基盤研究（C）研究成果報告書　日本語母語児童への国語教育と非母語児童への日本語教育を言語環境から再構築する試み』大阪大学大学院言語文化研究科、43-55頁

中島和子（2016）『完全改訂版　バイリンガル教育の方法：12歳までに親と教師ができること』東京：アルク

額賀美紗子・芝野淳一・三浦綾希子（2019）『移民から教育を考える：子どもたちをとりまくグローバル時代の課題』京都：ナカニシヤ出版

坂内泰子（2012）「外語短大に在籍した外国につながる学生についての覚書」『神奈川県立国際言語文化アカデミア紀要』1巻、85-99頁

法務省（2019）「令和元年6月末現在における在留外国人数について（速報値）」http://www.moj.go.jp/nyuukokukanri/kouhou/nyuukokukanri04_00083.html

ポルテス，A.・ルンバウト，R（著）村井忠政（訳）（2014）『現代アメリカ移民第二世代の研究：移民排斥と同化主義に代わる「第三の道」』東京：明石書店

宮島喬（2014）『外国人の子どもの教育：就学の現状と教育を受ける権利』東京：東京大学出版会

三好圭（2020）「外国人児童生徒等教育の現状と課題：高校進学促進を中心に」すべての外国につながる子ども若者の教育保障を考えるシンポジューム発表　名古屋2020年1月13日　http://me-net.or.jp/wordpress/wp-content/uploads/2020/01/

Berry, J.W. (2005). Acculturation: Living successfully in two cultures. *International Journal of Intercultural Relations, 29*(6), pp. 697-712.

Harklau, L., Losey, K. M., & Siegal, M. (1999). *Generation 1.5 meets college composition: Issues in the teaching of writing to U.S.-educated learners of ESL.* New York, NY: Routledge.

Rumbaut, R.G. (2006). Severed or sustained attachments? Language, identity, and imagined communities in the post-immigrant generation. In P. Levitt & M. C. Waters (Eds.), *The changing face of home: The transnational lives of the second generation* (pp. 43-95). Russell Sage Foundation.

第8章　多文化共生社会への想像力
横浜市鶴見区の事例から

田村　梨花

1. はじめに

　私たちは、多文化共生社会をどのように捉えているのだろうか。社会のあらゆる場所に異なる文化が存在し、それらが調和し、どのような国籍を有する人であっても差別や排除を受けることなく、人権が尊重される、というイメージではないだろうか。

　では、翻って、多文化共生のための政策と聞いた時に、何を思い浮かべるだろうか。それらの多くは、日本での生活の様々な局面で困りごとを抱えている外国籍の人々の生活支援に焦点を当てている[1]。外国とつながるアイデンティティを持っている子どもが多く居住している地域の公立学校では、子どもが学校で取り残されないように母語・継承語を使って学習支援を行うこと、保護者と連絡を取ることを学校の義務、そして当事者の権利と考えて、非常勤講師やボランティアの力に頼り、時には専門知識のある教員を配属し、支援と協力に力を入れている。しかしこうした「政策」は、基本方針としては上記のようなコンセンサスができていたとしても、現場レベルではその温度はかなり異なってくる。それは自治体そして地域の現状が千差万別であることを考えれば無理はない。外国につながる生徒に対し、こうした支援すらできていない学校も存在するだろう。本当は母語を含めた生活上のケアをし

---

[1]　ここでは自治体レベルの政策を念頭におき論展開する。樋口（2019）は、中央政府がいかに響きの良い標語として「理念としての多文化共生」を前面に出しながら「内容が薄く問題を隠蔽すらするような施策」（樋口, 2019, p. 130）を生み出してきたかを痛烈に批判している。

たいけれど、自分だけではできないし、支援したい生徒が少なすぎることで学校が動いてくれず、気になりながらも具体策が何も取れずもどかしい気持ちでいる現場の教員も少なくないだろう。

　一方、多文化共生に向けた取り組みとして、その地域に在住している外国籍の人々の文化を知るためのイベントや交流会を精力的に展開している地域は多い。ブラジル人人口の多い地域ではサンバ・カーニバルなどを催すなど、「文化をきっかけに相互理解を深める」試みが自治体別に工夫され、実現されている。また、社会生活や職場でブラジル人と接する機会の多い日本人を対象とした「ポルトガル語講座」を定例的に行うなど、ホスト社会の人々が外国籍の人々の母語を学ぶ機会をつくることで相互理解を深めようとする試みも多い。これらの全てが、多文化共生社会の実現を目的に行われる実践であり、重要な活動であることは間違いない。こうした貴重な試みの数々は、ホスト社会が外国につながる人々と接する機会を増やし、彼らとの出会いをかけがえのない友情に変え、人間対人間の相互理解を実現するための「きっかけ」としての役割を果たしている。しかしこうしたイベントの実施は、当事者がほとんど関わることのないプロセスで企画されてしまうと、「ブラジル文化を紹介できてよかった」という実績しか持たずに終わってしまう危険性も含んでいる[2]。

　この章では、自治体や学校で取り組まれているこのような「きっかけ」としての国際交流事業の協力団体として名を連ね、時にはそうした企画の主催としての役割を担うことが多い当事者組織が有するホスト社会への影響力に焦点を当て、マジョリティを変える当事者組織の力のミクロな視点での分析を目的としている。具体的には、外国籍を持つ人々が集住する地域の一つである横浜市鶴見区において、ニューカマーと呼ばれる南米人特にブラジルからの移住者の増加が目立ってきた時期に設立されたNPO法人ABCジャパンを取り上げ、この組織の展開する社会活動と行政事業との連携、活動に参

2　山田（2018）は、こうしたイベントに当事者が企画側スタッフとして関わることはまだまだ少ないとし、マイノリティ側が「お客さん」としてだけ参加する形態に疑問を投げかけている（山田, 2018, p. 42）。

加する日本人ボランティアが「当事者」としての経験を得る姿、さらに組織
が主体となって行う多文化教育としての性格を持つワークショップの分析か
ら、当事者組織の存在や彼らの実践するノンフォーマル教育がホスト社会に
与える影響は何か、それはマジョリティの意識変容を呼び起こす力を持つの
か、さらにそれらの活動は当事者自身の変化にもつながりうるかという視点
に基づき、若干の考察を試みるものである。

2. 鶴見区における多文化共生社会への取り組み

2.1　鶴見区の多文化共生社会構築へのあゆみ

　横浜市鶴見区は、外国人人口の多い神奈川県の中でも特にエスニシティ
に重層性を持つ地域とされる。1910年代以降、京浜工業地帯の形成に伴い、
沖縄出身者と在日コリアンが工業労働者として流入し、1980年代には南米
からの移民が増加し、中国人、フィリピン人など多国籍の人口が集住する複
合民族化の進展が起こった地域として知られる（渡戸, 2011）。現在区の人口
の約5%を外国人が占めている。

　そのような背景を持つ当地では、自治体行政レベルの対応は他地域に比べ
迅速である。1991年には「鶴見区国際交流事業実行委員会」という団体を
区に設立し、外国人との「言葉の壁」の問題解決に向けて、1992年に夜間
も含む日本語教室を開催した（鶴見国際交流ラウンジウェブサイトより）。教室を
運営していたボランティアが中心となり1994年に日本語教室は独立するが、
ボランティアグループのネットワーク構築を目的として1996年より各国・
地域をテーマにしたイベントを実施する。

　1998年から30年の間に外国人人口が3倍に増加した現状を踏まえ、2008
年には「鶴見区多文化共生のまちづくり宣言」を発表し、世界に誇れる「多
文化共生のまち」を目指すことを指針とする「鶴見区多文化共生推進アクショ
ンプラン」を発表した。このプランでは、外国人の日常のハンディキャップ
の解消、自立した地域の一員として地域活動に参画しやすい環境をつくるこ
と、多様な文化をもとに新たな交流を広げること、外国人が積極的に活動で

きる環境をつくることなどが盛り込まれていた。その後2011年に公表された改訂版では、外国人と日本人がお互いを理解し支えあって暮らすことのできるまちとなることが目標とされ、「外国人への情報提供・相談窓口の充実」「多文化共生の意識啓発や活動」「区民、事業者、団体との連携強化」が具体的施策とされた（鶴見区役所, 2011, pp. 1-2）。宣言当初は「外国人がホスト社会で暮らしやすくなる」施策に焦点が当てられていたが、その後少しずつ、多文化共生社会の実現を共通目的とする複数のステークホルダーの協働が重点項目としてシフトされてきたことがわかる。

　2010年には鶴見駅東口に「鶴見国際交流ラウンジ」がオープンし、アクションプランを実践できる空間が整備された。鶴見国際交流ラウンジは、多言語による各種対応窓口、日本語教室、文化イベントなど様々な多文化共生・外国人支援の拠点となった。2020年現在、日本語、英語、中国語、韓国・朝鮮語、ポルトガル語、スペイン語、タガログ語での相談が可能となっている。

2.2　鶴見区で活動する市民団体

　アクションプランの改訂版で「区民、事業者、団体との連携強化」が強調されている背景には、当地において活動を展開する市民社会組織が多く形成されてきたことが影響している。神奈川県あるいは横浜市の組織が鶴見で活動を行うケースも多いが、1993年に南米出身の児童と保護者と地域の教職員が立ち上げたIAPE（Intercâmbio cultural e educacional dos Alunos e Pais Estrangeiros：イアペ・外国人児童生徒保護者交流会[3]）や1994年に区の事業から独立して日本語教室の運営を継続した「（特活）こんにちは・国際交流の会」のように、鶴見に拠点を置く市民団体が90年代にすでに生まれていた。本章で取り上げるNPOであるABCジャパンは2000年に設立し、2004年に法人格を取得している当事者組織である。

　ABCジャパンは鶴見区在住の日系ブラジル人が中心となり立ち上げた団体である。設立当初は就労目的で来日する日系ブラジル人の雇用問題の解決

3　IAPEについては藤浪（2020）207-209頁を参照。

を主軸としていたが、鶴見に拠点を置きながら日系ブラジル人が地域で直面する生活に関する相談に対応する中で、子ども、若者を取り巻く状況の深刻さに気づいたという（田村, 2014）。理事長の安富祖美智江さん自身が、ブラジルでは日系移民として子ども時代を過ごし、日本に来てからはブラジル系移民の親として子育てを経験する中で、外国につながる子どもが直面する様々な困難を経験し、子どもを取り巻く問題の解決には保護者を含めた家族全体の背景や状況を視野に入れて活動する重要性に気づいていた（藤浪, 2019）。当事者組織として南米コミュニティと強固なつながりを持つABCジャパンならではの視点から、鶴見区を中心とする様々な外国につながる人々に寄り添う活動を展開している[4]。

　ABCジャパンの活動は枚挙にいとまがない。外国につながる子どものためのフリースクール、学習支援、多言語による進学ガイダンスやパンフレットの作成等、子どもと若者の生活そのものに寄り添う活動はもちろん、週末に開催する大人のための日本語講座や電気工事士の資格試験対策講座などといった定住外国人対象のキャリアアップ支援講座など日本語を学ぶ機会の提供も怠らない。近年では、外国につながる人々の心理面でのサポート（カウンセリング）も行っている。カポエイラ教室やサンバ打楽器教室といったブラジル文化を体験できる機会の創出や、多文化理解イベントへの参加も積極的に行っている。また、2011年3月11日の東日本大震災後、被災地支援を中心とする地域を超えた活動を迅速に行っている。「困っている人がいれば、助ける」という意思をすぐさま形にしてしまう実行力はABCジャパンの持ち味でもある。

　もちろんこうした活動そして行動を実現するには支援者・理解者・協力者が必要となる。本章でも述べていくが、ABCジャパンはこうした「パートナー」を見つける能力に長けている。当事者組織でありながら、その舞台を

4　本稿におけるABCジャパンの説明は、ABCジャパンウェブサイト、田村（2014）、藤浪（2019, 2020）のほか、ABCジャパンにおける参与観察とABCジャパンに関わるスタッフ、関係者への聞き取り調査（2020年2月〜9月まで断続的に実施）で得られたデータをもとにしている。

自文化のコミュニティに限定することなく、鶴見区で、横浜市で、神奈川県で、そして日本に根をおく地域社会の一部であることを意識した活動の展開方法が、ブラジルそして日本両国の行政組織とビジネス界、市民団体、一般市民といった様々なセクターとの連携関係を構築する。相互の協力のもと多文化共生社会に必要な活動を効果ある方法で実践し、無数のアウトプットを残している組織である。安富祖さんは、2018年6月に諸外国との交流活動に貢献した人にブラジル政府から贈られるリオ・ブランコ賞を受賞し、2019年7月には日本とブラジルとの相互理解の促進に貢献したとして外務大臣表彰を受けている。

2.3　セクター間連携事業におけるABCジャパンの役割

　多文化共生社会の構築を目的として展開されるプロジェクトの多くは、行政単独ではなく他セクター間との連携のもと実施される。2000年に自治省大臣官房（当時）により発表された「地域国際交流推進大綱及び自治体国際協力推進大綱における民間団体の位置づけについて」では、地域における国際交流事業への住民の参加を積極的に展開し、民間団体や住民こそが国際交流の主体となっていくべきとの考えのもとに、行政がそのための環境整備を行う必要性を示している。さらに、2006年総務省自治行政局が地方自治体における多文化共生施策の指針・計画の策定に参考となる考え方を示した「地域における多文化共生推進プラン」でも同様に、各施策を遂行するために、県、市町村、地域国際化協会、国際交流協会、NPO、NGO、その他の民間団体の役割分担を明確化し、各主体の連携・協働を図ることが明言されている。これらは、地域の現状を最もよく把握し、すでに支援・交流活動を展開しているNPOの情報力とネットワークを生かすことが多文化共生社会の実現への王道であることが明確化されたことを示している。

　鶴見における多文化共生推進プログラムの多くも、こうした指針に基づいている。鶴見国際交流ラウンジで実施される企画・イベントには市民団体が協力することも多い。多文化共生を目的とする単発プログラムや多文化理解推進のための視察等の依頼が鶴見区役所に入ると、ABCジャパンが担当す

ることも多い。そのようなきっかけを通して、行政との連携で生まれた縁が
そのまま継続され、様々なステークホルダーのネットワークが広がっていく。

　外国につながる子どもの教育支援に力を入れていたABCジャパンにとっ
て、公立学校との連携は重要な意味を持っていた。藤浪（2019）は、リーマ
ンショック後の2009年秋に文部科学省の「定住外国人の子どもの就学支援
事業」により財政的基盤ができたことを機に、ABCの呼びかけによって、
外国につながる子どもが多く通う潮田小学校との連携が始まったとする。
ABCジャパンの提案は、同学校内で週一回の放課後教室「つるみ〜にょ」
という学習支援スペースの開設で、当初は学校とは別事業という位置づけ
であったが、教室に参加した生徒に学習意欲が現れる結果を通じて学校内
で認知され、事業終了後にその運営は学校に移管されることとなった（藤浪,
2019, pp. 254-255）。「つるみ〜にょ」の実践を通して、公教育機関における国
際教室担当教員とのネットワークが生まれ、潮田小学校と同じように外国
につながる子どもが多い入船小学校で2017年から「いりふねつるみ〜にょ」
が開始された。藤浪（2019）は、ABCジャパンが取り組む学校との連携事業
を「いりふねつるみ〜にょ」にみる子ども支援、多言語による進学情報提供
という保護者へのサポート、そして潮田中学校で毎年行われている異文化理
解のためのイベント「多文化デイ」のコーディネートを通じたホスト社会に
理解を広める取り組みであるとしている（藤浪, 2019, pp. 255-256）。

　「子どもの今にとって必要な情報をしっかり届ける」ことを重要視する
ABCジャパンでは、行政との連携や各種助成金をもとに多言語版の「外国
につながる子ども・保護者のためのガイドブック」の制作・出版にも力を入
れている（表1）。鶴見区、横浜市、神奈川県との連携のもと、外国につな
がる子どもが日本で教育を受ける権利を享受できるよう、初等教育から高等
教育までの全てのプロセスを母語で解説する役割を担っている。

表1　ABCジャパン出版ガイドブック

出版年	タイトル		ページ数	出版	言語	備考
2013	「ようこそ鶴見区の小学校へ〜学校で楽しく過ごすために〜（外国につながる子ども・保護者向けしおり）」		15	横浜市鶴見区役所地域振興課、NPO法人ABCジャパン	日本語、英語、中国語、タガログ語、スペイン語、ポルトガル語	
	「ようこそ鶴見区の中学校へ〜しっかり学び将来へつなげるために〜（外国につながる子ども・保護者向けしおり）」		20	横浜市鶴見区役所地域振興課、NPO法人ABCジャパン	日本語、英語、中国語、タガログ語、スペイン語、ポルトガル語	
2017	「外国につながる子どもと保護者のための大学進学ガイドブック〜未来への扉〜」		53	横浜市鶴見区役所地域振興課、NPO法人ABCジャパン	英語、中国語、ポルトガル語	
2018	「外国につながる子どもと保護者のための高校進学ガイドブック」		49	NPO法人ABCジャパン	英語、中国語、ポルトガル語、スペイン語	横浜市多文化共生市民活動支援補助対象事業助成
2019	「ようこそかながわの小学校へ」		32	NPO法人ABCジャパン	英語、中国語、ポルトガル語、スペイン語	協力：神奈川県教育委員会教育局支援部子ども教育支援課、かながわボランタリー活動推進基金21助成事業
	「ようこそかながわの中学校へ」		32	NPO法人ABCジャパン	英語、中国語、ポルトガル語、スペイン語	

出所：ABCジャパンウェブサイトより筆者作成。

　また、行政が多文化共生を目的とする各種指針の編纂に、ABCジャパンが当事者組織としてのアドバイザーとしての役割を果たすケースもある。2020年7月に出版された「外国につながる児童・生徒への指導・支援の手引き」の改訂版を神奈川県教育委員会子ども支援課が編纂する際、当事者組織としてABCジャパンのスタッフも公聴会に参加した。学校教育に携わる教員の手引きに当事者の知見を反映させること、当事者組織が有している「家族に手に取ってもらえる形」の情報提供のメソッドを生かした連携関係を作ることは、文字通り多文化共生政策の推進力となっている。

3.「ボランティア」から「家族」へ： ABCジャパンを通過する日本人

3.1　当事者組織とボランティア

　ボランティアとして当事者組織の活動に参加する人々の中には、ホスト社会の一部である日本人も数多く存在する。本節では、ABCジャパンにボランティアとして関わってきた人々に着目し、ABCジャパンの活動で受けた影響について考察する。

　NGOやNPOが展開する支援活動と言えばボランティアの力が頼り、と想像する人が多いだろう。ABCジャパンにも無数の「ボランティア」は存在する。しかしスタッフに話を聞いてみると、ABCジャパンには明確な「ボランティアとして人を受け入れる原則」がある。それは「継続して参加できるか」である。一瞬の経験としての「支援の場」を提供するつもりはなく、時間をかけてゆっくりとABCジャパンの活動を知ってもらえる人、一緒に歩いてくれる人を厳選して受け入れている。

　特に、ABCジャパンは外国につながる子どもの居場所を作っている責任があるので、ボランティアとしてそのスペースに入る人の受け入れは慎重に行っているという。いきなり事務所に招き入れるのではなく、ABCジャパンの雰囲気を味わってもらうためにもボランティア志望の申し出があった際はまずイベントに顔を出すように伝えている。その後何度か見学してもらい

ながら、安心して一緒に働けそうな人を見極めて、受け入れている。最も多いのは関係者からの紹介だが、中にはインターネットで調べて問い合わせてくるケースもある。区役所経由の紹介で、論文執筆のための調査を目的とする人も多いが、その場合でも先の「原則」は重要な条件となる。しかしながら、はじめは「レポート執筆」が目的だった高校生、大学生、院生も、日々継続してABCジャパンに通う中で、様々な活動の「主要戦力」として成長し、気がつけば準スタッフ化していることが多い。他にも、ABCジャパンが開講している「ポルトガル語講座」の受講生がボランティアになることもある。ブラジルの魅力を感じ、ポルトガル語を学びたい気持ちを抱いて関わるうちに、この組織の展開する多種多様な活動に組み込まれていく。以下、世代とABCジャパンの活動に加わった経歴が異なり、約1年間の活動を終えた後も深いつながりを持っている2人の日本人ボランティアの事例から、ABCジャパンの活動に参加することがどのような経験をもたらしたかについて探る[5]。

3.2　外国につながることを自分の魅力に：A君の語り

　幼少期と青年期に複数の外国で生活した経歴を持っていたA君は、大学の「日本語教育学」の授業で自分自身が複数の言語環境で生活してきた故に日本語でも英語でも100％自分の感情を表現できない状態に置かれてきた子どもであることを知り、日本社会への違和感を覚えつつあったことも影響して、海外を拠点とする将来設計を立てていた。以前から関心のあったポルトガル語圏で日本語教師として活躍できる可能性について指導教員に相談した際、「日本にもブラジル人の人たちはたくさんいるんだよ」と教えられ、インターネットで検索してABCジャパンにたどり着いた。卒業間際の2012年3月のことである。「昼食と交通費を支給してくれたら何でもやります！」と履歴書を送ったという。近い将来JICA日系青年ボランティアでの渡伯を考えているという計画性と人柄に惹かれ、ABCジャパンでの受け入れが決まった。

5　以下の記述分析は、A君は2020年9月5日（Zoom）、Bさんは2020年9月6日（電話）によるインタビューに基づく。

　「普通に」企業で収入を得て働いている同期の友人と自分の日常を比較しながらの迷いある日々を過ごしていたが、フリースクールで外国につながる子どもの相談に乗っていた時、自分自身の生い立ちや、日本で感じたことなどを話す機会があった。その話を聞いて、子どもが自分に心を開いてくれたことがきっかけとなり、自分の経験がこんな風に生かされることがあるのだと実感し、外国につながる子どもに関わる仕事をライフワークとする決意が固まったという。大人も子どももそれぞれの国や地域を経由して今この場所にいること、理事長の安富祖さん自身が沖縄、日本、ブラジルという複数文化にまたがるアイデンティティを持っていること、ABCジャパンの空間が完全に国籍不問であり、全てが尊重される空間であることに居心地の良さと安心感を覚えたと語る。

　翌年無事にJICA日系青年ボランティアでブラジルに派遣され、念願の日本語教育に携わる傍ら、当地の日系社会の人々とふれあい、「日系人」に内包される多様性をさらに実感したという。帰国後は国際協力や地域おこしの仕事に関わりつつ、通信教育で小学校教諭一種免許状を取得し、現在はブラジル人集住地の一つである静岡県で小学校教員として働いている。外国につながる子どもが過ごす日本の公立学校の現場に入るのは初めてではあるが、「異なるバックグラウンドを持つ子どもの一人ひとりに丁寧に向き合う」姿勢を教わったABCジャパンでの経験から、母語サポートの限界点や心のケアの重要性などの課題が手に取るようにわかるため、その克服に向けて動いている。

　A君がABCジャパンで時を過ごしたのは、2011年3月11日の東日本大震災の後、福島原発事故も含め、いまこの社会で何が尊重されるべきか、自分はその社会の中でどう生きるべきかという問題について考えていた時期でもあった。一年間ABCジャパンで過ごす中で印象に残ったのは、「やったほうがいいことは、やろう！」というABCジャパンの「行動力」であったという。さらにその目的を形にする行動を共にした、同じ問題意識を持つ同世代の友人との出会いもかけがえのない宝であるという。ABCジャパンは人生の指針を教えてくれた場所でもあり、原点でもあると語る。様々な背景を持つ日

本人をボランティアとして受け入れ、時を経てコミュニティの一員となり、その経験そのものが彼自身のアイデンティティの一部となっていく姿は印象に残る。

3.3　見えなかった社会の姿を知る経験：Bさんの語り

　横浜市在住のBさんは、ブラジル音楽に惹かれてポルトガル語の実践的な学びの場を探していた時にABCジャパンの「ポルトガル語講座」を見つけた。50歳を過ぎた時、会社を一時的に休職して時間に余裕が持てたのでじっくり好きなことに向かい合ってみようとポルトガル語の学習を始めた。その語学教室の母体が外国につながる子どものサポートを行っている当事者組織であるということはもちろん知っていたが、ボランティアを希望して関わっていたわけではなかったため、しばらくは語学講座の生徒として通っていたに過ぎなかった。

　2015年9月の関東・東北豪雨の際、自分も大雨に巻き込まれ、車が大破する事故に遭ったが、幸運にも無傷で一命をとりとめた。翌日の報道で、鬼怒川の堤防が決壊し茨城県常総市で広い範囲が浸水し、多くの家屋が損壊したことを知った。常総市にはブラジル人人口が多いことを知り、何か自分ができることはないかと強く感じ、おそらく何か動くはずではと考えABCジャパンに連絡したところ、週末に現地まで支援物資を届け、清掃ボランティアに赴く予定であると聞き、すぐに参加を申し出た。ABCジャパンでの「ボランティア」はBさんにとってこれが初めての経験となる。

　当日水海道駅前のエスニック・スーパーマーケットに着いて、尾張小牧や豊橋ナンバーの車両が所狭しと駐車され、大勢の人々が物資の仕分けと積み換えに汗を流している姿を見て驚いたという。関東近辺ならわかるが、中京圏からもこんなに人が駆けつけるのか！と圧倒されながら家財道具の廃棄や清掃作業に没頭した。この日をきっかけに、ABCジャパンが協力するイベントや講演会などの「お手伝い要員」として声をかけられることが多くなり、気がつくと週3回くらいの頻度でフリースクールでの日本語指導などのサポートなど、活動に関わるようになっていった。

　年が明けると、「学齢超過の子どもの受験サポート」という重要な活動が始まる。ブラジル、中国、フィリピン、ペルー、ハイチなどあらゆる外国につながる子どもが自ら通いたい高校を選び、学力試験の準備と模擬面接の練習を重ねて、受験に備える（田村，2014）。フリースクールの子どもと信頼関係を築いていたBさんは、高校見学や受験票提出の付き添いなどを担当していた。受験当日に子どもにふりかかる数々の事件、例えば電車を乗り間違えてしまったり、一緒に受験する友人に会えなかったりという事態を目の当たりにし、これまで想像することのなかった「外国につながる子どもが日本で抱えるトラブル」について、保護者であるかのごとく身を以て体験することになる。仕事の都合上4月以降は頻繁に顔を出すことはできなくなったが、当時無事高校に合格した生徒からは、その後大学生となった今でも連絡があるという。

　ABCジャパンでの経験は自分の世界を多重に広げたとBさんは述べる。それまでは報道でしか知ることのなかった外国につながる子どもの現状について当事者に近い距離で体感したことにより、それまでとは異なる目線で「日本社会におけるマイノリティの人々」の問題を捉えることができるようになったと語る。その後Bさんは知的障がいのある人々をサポートする企業に転職しているが、社会を異なる眼で見る経験が、その職業選択に影響を与えたことは間違いないと語る。また、ABCジャパンのように、社会問題を解決するために「何か行動を起こそう！」という思いを共にする人が年齢国籍関係なく誰でも参加できる組織が存在する地域は強いと実感したことも、今後自分が地域と関わる際に明確な指針となったという。そしてA君同様、ABCジャパンで得られた横のつながりはこの上なく自分の人生を豊かにしてくれたと述べる。

　この2人同様、ABCジャパンにボランティアとして関わる人の多くは、無意識のうちにそのコミュニティの一部、つまり「家族」に近い存在としてのアイデンティティを獲得すると同時に、異なる社会を知ることで発見した価値観を自分自身のライフワークに反映させていく。人生選択における様々な分岐点で、ABCジャパンで経験した「社会を俯瞰し、信念をもって行動する」

原点に立ち返ることは、本人へのエンパワメントのみならず、彼らが生きる社会を変える動きにもつながっている。

4. ホスト社会を変える種を蒔く：
「外国人の気持ちになってみる？」

4.1　多文化の価値：当事者として次世代に伝えたいこと

　ABCジャパンにとって、他セクターとの連携・協働によるイベントへの参加は活動を展開する上で不可欠な要素である。潮田中学校での「多文化デイ」ではサンバ、カポエイラ、料理などクラスメイトのルーツの一つであるブラジル文化を知る企画を立て、地域振興のイベントでも活動紹介とともにご当地グルメブースを出し、ブラジル文化に親しみを持ってもらえる活動を行っている。日本人が外国につながる人々の出身国の文化について学ぶことも重要だが、当事者自身が自分とつながりのある国や地域の文化の魅力を改めて知り、エンパワーされる経験が何よりも大切であるとし[6]、イベントをその機会提供として考えているため、多い時は月に複数回参加することもある（表2）。

　「多文化共生へのヒントを学びたい」という講演やワークショップ開催の依頼を受けることも数多い。単発のものだけでなく、定期的に協力する組織も増加した。中学、高校、大学といった教育機関、外務省やJICA、海外日系人協会といった国際協力・交流機関、社会福祉協議会や他のNPOなど様々な場所でABCジャパンの活動指針や実践の紹介を行っている。教育機関でワークショップを行う際はフリースクールの子どもも一緒に参加する形をとり、若者の交流の貴重な機会として位置づけている。ABCジャパンの活動紹介を聞いて、その後ボランティアとして足を運ぶ大学生も少なくない。

6　2020年4月より（公財）日本国際交流センター（JCIE）外国ルーツ青少年未来創造事業助成を受けて「移民2世・3世のキャリア形成に向けた青少年未来創造事業—「多文化・多世代共創拠点」を目指して—」事業を開始し、「（第二・第三世代向け）若者のためのポルトガル語・中国語講座」や世代間交流（ロールモデルによるトーク等）に取り組んでいる。

ABCジャパンが外部組織で活動紹介を行う際、スピーカーとしての役割を一手に引き受けているのがCさんである。安富祖理事長の娘でもあり、小さい頃からABCジャパンの活動に触れてきたCさんは、日本生まれ日本育ちの「日系ブラジル人」として、ポルトガル語を「初修言語」として大学で学び、留学で初めてブラジル社会に足を踏み入れたという多層なアイデンティティから紡がれる、当事者としての思いを大切にした講演を心掛けている。

Cさんの願いは2つある。一つは、自分自身が経験してきた「ステレオタイプにはめられること」から若者を解放することである。「ブラジル人なのにサンバ踊れないの？」といった「○○人って○○だよね」といった一方的なレッテルの押し付けが外国につながる子どもを苦しめていること、人はいろんな「自分」で構成されていることを伝えるとともに、日系人の存在について20世紀初頭における日本のブラジル移民の歴史を紐解くなど、自分自身が若い時に教えてもらいたかったことを伝えたいという強い思いを持っている。

4.2　ワークショップ「外国体験ゲーム〜外国人の気持ちになってみる？〜」

もう一つは、外国につながる子どもが日本で経験する困難やつらさを、日本人にも理解してもらうことだった。参加型のイベントを通じてそうした機会を作れないか、と考えていた時、偶然テレビで紹介されていた「教室の中に外国をつくる」取り組みにヒントを得て、日本語が一切通じない世界を体験できるワークショップ「外国体験ゲーム〜外国人の気持ちになってみる？〜」を考案した[7]。

このワークショップの受付には大きく「入国管理局」と書かれている。参加者はここを通る時にいくつかのミッションが書かれている「ぱすぽーと」を渡される。会場には「ブラジル」「中国」「フィリピン」であることがわかるような装飾が施されたテーブルが島のように置かれ、参加者はそれらの「国」に行ってミッションを成し遂げるのだが、日本語は全く通じない。それもそのはずで、その「国」に常駐しているのはその「国」の言語を母語と

---

7 「なってみよう！」と強制するのではなく、「なってみる？」という問いかけのスタイルを重要視し、この名前を付けたという。

表2　ABCジャパン参加イベント、セミナー、ガイダンス（2014年〜2019年）

2014	「保育園の継続入所申込書の書き方ガイダンス」（1/9：ABCジャパン）
	「子どものための専門能力開発ワークショップ」（2/19：キッザニア東京）
	「外国につながる子どもと保護者のための大学進学ガイダンス」（3/8：ABCジャパン）
	「ドキュメント映画祭」（4/25：ブラジル大使館）
	「5S運動—生活改善のために」講演会（4/26：鶴見国際交流ラウンジ）
	「外国につながる子どもたちの『教育を受ける権利』を考えるフォーラム」共催（4/29：品川区きゅりあん6F）
	「ブラジル福祉センター」オープニングイベント（6/7：群馬県大泉町）
	「ブラジル領事館主催ワークショップ in 鶴見」（6/15：潮田地区センター）
	「ブラジルと遊ぼう in つるみとしょかん」（6/21：横浜市鶴見図書館）
	「ブラジル文化福祉センター」設立（7/5：群馬県邑楽郡大泉町）
	「つるみde多文化フェスティバル」（8/2：鶴見国際交流ラウンジ）
	「ブラジルワークショップ―芸術・文化・料理で楽しむブラジルの旅」（9/21：JICA横浜）
	「FOCUS BRASIL JAPÃO 2014」（9/21-25：ブラジル総領事館）
	「外国につながる子どもと保護者向けの高校進学ガイダンス」（10/18：鶴見国際交流ラウンジ）
	「ブラジルの教育と日本文化の影響」（11/15：文京区）
	「2つの文化の間における教育の課題」（11/29：鶴見国際交流ラウンジ）
	「ブラジルDAY in 鶴見—ブラジル人と交流＆ブラジル文化を体験する講座」（12/6：潮田地区センター）
2015	「大泉町の取り組みについて〜ブラジルを観光資源に〜」（1/20：ブラジル総領事館）
	「外国につながる子どもと保護者のための小学校入学前ガイダンス」（3/7：ABCジャパン）
	「外国につながる子どもと保護者のための大学進学ガイダンス」（3/21：ABCジャパン）
	「在留カードについての説明・相談会」（5/17：ABCジャパン）
	「市民フォーラム 多様な子ども・若者の『貧困』『学び直し』『自立』を考える」共催（8/22：あーすぷらざ）
	「BRAZILIAN DAY・東京夢の島マリーナ 2015」（9/6：東京夢の島マリーナ）
	「PRESS AWARDS JAPÃO 2015」（10/2：サルビアホール）
	「ブラジルWEEK in つるみ」（9/28-10/4：サルビアホール他）
	「よこはま国際フェスタ」参加（10/11：象の鼻パーク）
	「多文化子育て・教育」講演会（11/22：鶴見国際交流ラウンジ）
	「マイナンバー制度の説明会」（12/6：鶴見国際交流ラウンジ）
2016	「あーすフェスタかながわ2017」参加（5/15：あーすぷらざ）
	「三ッ池公園フェスティバル」参加（5/14：三ッ池公園）
	「外国につながる子どもと保護者のための高校進学ガイダンス」（10/1：鶴見中央コミュニティハウス）
	「つるみ臨海フェスティバル」参加（10/15：入船公園）
	「Outro Lado do Mundo 軌跡〜在日ブラジル人の25年 〜」（10/21：サルビアホール 音楽ホール）
	「多文化教育フォーラム」（10/22：サルビアホール 音楽ホール）
	「つるみ多文化交流カラオケ大会」（10/23：サルビアホール）
	「ブラジルWEEK in つるみ」（10/21-23：サルビアホール他）
	「第6回 世界のウチナーンチュ大会」参加（10/25-30：沖縄）

	「かながわボランティアフェスティバル2016」参加（11/23：あーすぷらざ）
	「世界のクリスマス 情熱的な南半球のクリスマス」コーディネート（12/1-25：山手68番館）
2017	「外国につながる子どもと保護者のための大学進学ガイダンス」（1/21：鶴見中央コミュニティハウス）
	「三ッ池公園フェスティバル」参加（5/20：三ッ池公園）
	「ブラジル交流ワークショップ」主催（6/11：茨城・石下）
	「外国人の気持ちになってみる？」（6/17：鶴見中央コミュニティハウス）
	「千倉グローバルこども交歓会」参加（7/29-30：千葉・千倉）
	「第63回大井どんたく夏まつり2017」参加（8/20：大田区）
	「鶴見区制90周年記念『ワクワクつるみ！90周年祭』外国人の気持ちになってみる？」主催（9/30：鶴見ラウンジ）
	「鶴見区制90周年記念『ワクワクつるみ！90周年祭』in総持寺」参加（10/1：総持寺）
	「外国につながる子どもと保護者のための高校進学ガイダンス」（10/7：鶴見国際交流ラウンジ）
	「Feira de Educação 教育フォーラム」参加（10/21-22：太田市民文化会館）
	「ウチナー祭」参加（11/4-5：入船公園）
	「かながわボランティアフェスティバル2017」参加（11/12：あーすぷらざ）
2018	「外国につながる子どもと保護者のための大学進学ガイダンス」（2/25：鶴見社会福祉協議会）
	「京急×鶴見 沖縄・南米フェア」（3/25：鶴見区役所）
	「外国人の気持ちになってみる？」ワークショップ（6/7：フェリス女学院大学）
	「リオ・ブランコ国家勲章」受賞式（6/16：JICA横浜）
	「外国人の気持ちになってみる？」ワークショップ（6/21：法政国際高校）
	「外国につながる子どもと保護者のための高校進学ガイダンス」（9/15：鶴見社会福祉協議会）
	「外国につながる子どもと保護者のための大学進学ガイダンス＆キャリア支援セミナー」（10/14：ココファン横浜鶴見）
	「鶴見ウチナー祭」（11/10-11：入船公園）
	「トレジャーハンティング in つるみ」（11/25：かなテクカレッジ東部）
2019	ブラジル総領事館主催「教育フェア」（1/12：大泉町文化村）
	「外国につながる子どもと保護者のための大学進学ガイダンス＆キャリア支援セミナー」（2/24：秦野南公民館）
	「外国人の気持ちになってみる？」ワークショップ（5/30：フェリス女学院大学）
	「三ッ池公園フェスティバル」参加（5/18：三ッ池公園）
	「外国につながる子どもと保護者のための大学進学ガイダンス＆キャリア支援セミナー」（6/9：ココファン横浜鶴見）
	「外務大臣表彰」受賞式（7/23：外務省飯倉公館）
	「大井どんたく夏祭」参加（8/24：大井町駅前通り）
	「外国につながる子どもと保護者のための高校進学ガイダンス」（9/15：鶴見社会福祉協議会）
	「鶴見ウチナー祭」（9/21-22：入船公園）
	「つるみ臨海フェスティバル」参加（10/19：入船公園）
	ブラジル総領事館主催「教育フェア」（10/26：大泉町文化村）
	「外国につながる子どもと保護者のための大学進学ガイダンス＆キャリア支援セミナー」（11/9：湘南台ホール）

出所：ABCジャパンウェブサイト、事務局より得たデータにより筆者作成。
注：網掛け部分はセミナー・ガイダンス。太字は「外国人の気持ちになってみる？」関連ワークショップ。

するフリースクールの子どもなのである。もちろんフリースクールの子どもの中には日本語で会話することができる子もいるが、その「国」では自分の母語しか話してはいけないルールなので、圧倒的に強い立場、つまりホストとしての立場を体感することになる（図1）。

図1　「外国人の気持ちになってみる？」ワークショップ

（資料提供：ABCジャパン）

逆に、日本人は、「ぱすぽーと」に書かれているヒントを頼りに、聞いたこともなければ読み方もさっぱりわからない言葉を駆使して、「中国語で買い物」「タガログ語で薬を買う」「ポルトガル語で計算」といったミッションをこなそうと努力する。基本的にはゲームなので、ホストとなる生徒たちもうまくヒントを出しながら最終的にはミッションを終えられるようアシストし、達成できれば「ぱすぽーと」にネイティブの持ち味残る手書き「サイン」をもらえる仕組みである。参加者の年齢にあわせてルビをふったり、ミッションの難易度を調整したり、各回必ずアレンジを行っている。

　日本人と外国につながる子どもの立場がこのワークショップで逆になることは2つの重要な意味を持つ。理解できない言葉に囲まれて「伝わらないかも」「恥ずかしい」という思いを抱えながら何かを成し遂げなければならない困難な体験は、日本の学校の教室で外国につながる子どもが置かれている現実である。参加した日本人の中には日常的に日本語ボランティアとして外国につながる子どもに接する人もいるが、ワークショップを経験して初めて生徒の気持ちを理解するケースもあるという。「こんなに大変だなんて思わなかった」「通じた時嬉しかったけど、外国人の子どもは毎日こんな思いをしてるんだな、と感じた」という感想を読むたびに、すこしずつ伝えることができているかも、とスタッフは実感する。一度、「やだったぜんぶやだ」という子どもの殴り書きの横に「こういうイベントをたくさんやってほしい。鶴見に住んでいるのだから、多くの言語を体験できるチャンスを生かしたい」と保護者による肯定的なコメントが書かれていた。ワークショップの意図をしっかり受け止めてくれるコメントを読むと、元気をもらえるという。

　そしてもう一つの重要な点は、いつも「（日本語がわからないことで授業の内容がわからず）どうしてわからないの？」と言われながら「教えられる」立場に置かれている外国につながる子どもが、ホストとして日本人に言葉を「教える」瞬間を体験できることにある。「母語しか通じない世界」に安心を感じながらも、「困っている日本人」を助けながらミッション達成に導くサポーターとなる経験は、フリースクールの生徒に力を与える。ワークショップという形態で、苦しみながらも楽しみながら、言葉の難しさと通じた時の

嬉しさを全て味わうことのできる画期的なワークショップは、ホスト社会の人々に忘れがたい「気づき」を与えている。

4.3　その体験を自分の一部とすること：フェリス女学院大学での試み

　フェリス女学院大学では、このワークショップを講義に体系的に組み込み、学生の意識変容を試みている。日本語教育養成講座の責任者である田中里奈先生が、2017年鶴見ラウンジで開催されたワークショップを見て関心を持ち、ABCジャパンに協力を申し入れたことから両機関の交流が始まった。「将来、日本語で日本語を教える立場になる学生に、外国語で外国語を教わる体験をさせたい。逆の立場を経験してほしい」という先生の願いから、「日本語教育学概論」などの授業での実施とともに、「日本語教育実習」を行う学生を中心に、他の学生も経験できるように昼休みにも「ワークショップ体験」の時間を設けている。フリースクールの生徒を含めたABCジャパンからのスタッフが20人ほど来校し、学生も一緒に学食でお昼を食べて、ワークショップを実施する。

　授業内で実施する際は、ワークショップの後、Cさんのライフヒストリーに耳を傾け、最後にABCジャパンの活動を知るという3部構成としている。田中先生は、ワークショップの体験を「外国語を学ぶのって大変」という一過性で終わらせず、外国につながる子どもが日本語を学ぶ時の難しさや教室に座っているだけでも緊張を強いられる状況を体感し、子どもたちの背景にも思いを馳せることのできる人として社会に出てほしいと語る。そのためにCさんの当事者としての語りは重要であり、さらにABCジャパンの活動の実際を知ることで「自分も活動に参加してみたい」と動くことを期待している。実際に講義後、ABCジャパンや他の支援団体を探してボランティアを始める学生は多いという。

　学生の反応をみると、「外国につながる子どもたちの心細さがわかった」「『わからない』ということさえどう伝えれば良いのかわからないんだ、ということに気がついた」といった感想だけでなく、「はじめは『こんなの大変…』と感じただけだったが、後になってあの『わからなさ』は自分自身が海

外で経験したものと同じだったことに気がついた」「小学校時代教室にいた
外国人のクラスメイトのことを思い出し、当時あの子はこんな気持ちだった
んだと感じた」と言うように、ワークショップの体験が自分自身の記憶や経
験に結びつく瞬間もある。授業で感じたことを自分事として捉えることがで
き、自分の一部とすることができれば、自分自身の意識も行動も変わってく
る。前後の授業における位置づけを整理しつつ、このテーマにそれほど関心
のない学生の経験が「苦痛」だけにならないように工夫を重ねていくことが
今後の課題であるとする。

　田中先生は、日本語教育養成講座を履修する学生が卒業後みな日本語教師
になるわけではないとしても、これからそれぞれが羽ばたく社会の中で、授
業で経験した「他者の気持ちを理解し、心を寄せる」大切さをいつも心に留
めて人生を送ってほしいと願い、授業を展開していると語る。学生一人ひと
りの変化は、このワークショップを取り入れた体系的な授業が多文化教育と
社会的公正を目指す教育として確実に機能していることを示している。

5. おわりに

　本章では、ABCジャパンが展開する活動とホスト社会とのつながりの分
析を通して、当事者組織の持つマジョリティを変える力についての考察を
試みた。第2節では他セクターとの連携関係の強化と、当事者としてのイ
ニシアティブと行政へのアドボカシーの役割の重要性、第3節では当事者組
織が日本人ボランティアに与えるエンパワメント（多文化共生の実現に必
要な指針の共有や社会を俯瞰する力の付与）、第4節ではワークショップを
通じた多文化教育の試みがマジョリティであるホスト社会の人々の意識を
変えている姿を考察した。ABCジャパンの日常やワークショップに触れる
ことで、ホスト社会の人々は、それまで気がつかなかった他者の現実を想
像する力を得ることができる。その経験が胸に残るものであればあるほど、
自身のアイデンティティの幅が広がり、それは身近な社会を変える力とし
て育っていく。

　「外国人の気持ちになってみる？」を考案したＣさんは、現在公立高校の日本語指導員として勤務し、外国につながる子どもの現場での支援に取り組んでいる。その傍ら、大学4年生の時から関わっている定時制高校の「放課後居場所カフェ」での活動も継続している。ABCジャパンのスタッフを務めながら様々な環境にある子どもの現状をみてきたＣさんだからこそ、逆の立場の経験の重要性に気づいたと考えられる。「私自身、国籍的にはマイノリティだけれど、母語的にはマジョリティだからこそ（このワークショップを）思いついたのかも」というＣさんの語りは、自身が複数文化を有することが社会全体を様々な視点から捉えられる能力につながっていること、そしてそれが社会を変える行動に結びついている実例を示している。ボランティアやワークショップ参加を通じてABCジャパンの活動に触れた人は、「社会変革を担う人々の一員という自覚」（グッドマン，2017，p. 243）を得て、アライ（味方）としての役割をホスト社会で担っていくのではないだろうか。Ｃさんの試みは、当事者だからこそ生み出された多文化教育としての性格を持つ良質な開発教育の実践であり、同時に、マイノリティのアライとして行動するために必要な想像力を鍛える、社会的公正のための教育としての役割を果たしている。

　しかしながら、Ｃさんはこのワークショップの様々な場所での展開には慎重な態度を取る。講演会でワークショップの存在を知った人々から、使用している教材を一式提供してほしいと言われるたび、教育現場で展開していろいろな人にこの経験を味わってほしいと思う反面、単なる「言葉遊びゲーム」として終わってしまうことへの不安がある。また、マイノリティがホストになるというプロセスもこのワークショップの持つ重要な目的であることを考えると、ホストとして活躍する外国につながる子どもにワークショップの意図を説明することがおろそかになり、教材そのものが独り歩きしてしまうことへの危惧は隠せない。また、対象者の特徴やホストの国籍によって内容をその都度作り替える作業は必ず必要となってくる。多様な文化が存在する現場での実践を考えたら「マニュアル」ができないのは当然かもしれないとして、現在はABCジャパンがファシリテーターとして入る形態での実践を続

けている。

　ABCジャパンが公聴会に参加して編纂された『外国につながる児童・生徒への指導・支援の手引き』は、外国につながりがあることの「強み」と「可能性」に注目することを重要であると強調し、同時にそれは「全ての児童・生徒にそれぞれの『強み』や『可能性』があるということの再確認に過ぎない」（神奈川県教育委員会, 2020, p. 20）とする。マジョリティへの社会的公正教育とマイノリティ文化のエンパワメントを同時に可能とするワークショップの実現は、想像力を働かせることから始まる本当の多文化共生社会の創造を体現しているとも言えるだろう。

参考文献

神奈川県教育委員会（2020）『外国につながる児童・生徒への指導・支援の手引き』神奈川県教育委員会教育局支援部子ども教育支援課

ダイアン・J・グッドマン（著）出口真紀子（監訳）田辺希久子（訳）（2017）『真のダイバーシティをめざして：特権に無自覚なマジョリティのための社会的公正教育』東京：上智大学出版

田村梨花（2014）「外国につながる子どもと学校をつなぐNPOのノンフォーマル教育：横浜市鶴見区ABCジャパンの事例から」牛田千鶴編『南米につながる子どもたちと教育：複数文化を「力」に変えていくために』（南山大学ラテンアメリカ研究センター研究シリーズ5）（pp. 105-127）大津：行路社

鶴見区役所（2011）「鶴見区多文化共生推進アクションプラン改定版（平成23～26年度）」鶴見区役所

樋口直人（2019）「多文化共生：政策理念たりうるのか」高谷幸編著『移民政策とは何か：日本の現実から考える』（pp. 129-144）京都：人文書院

藤浪海（2019）「ABCジャパン」山脇啓造・服部信雄編著『新・多文化共生の学校づくり：横浜市の挑戦』（pp. 252-257）東京：明石書店

―――（2020）『沖縄ディアスポラ・ネットワーク：グローバル化のなかで邂逅を果たすウチナーンチュ』東京：明石書店

山田泉（2018）「『多文化共生社会』再考」松尾慎編著『多文化共生：人が変わる、社会を変える』（pp. 3-50）東京：凡人社

渡戸一郎（2011）「横浜市鶴見区における協働実践研究の課題と実践：複合民族化する大都市インナーシティからの発信」東京外国語大学多言語・多文化教育

研究センター編『地域における越境的な「つながり」の創出に向けて：横浜市鶴見区にみる多文化共生の現状と課題』シリーズ多言語・多文化協働実践研究12【鶴見チーム】09-10年度活動（pp. 4-10）

参考ウェブサイト

NPO法人ABCジャパン（www.abcjapan.org）2020年9月10日アクセス
鶴見国際交流ラウンジ（tsurumilounge.com）2020年9月10日アクセス

第9章　言語文化的多数派と少数派の学生の「日本人特権」に対する意識

宮崎　幸江・田村　梨花

1.はじめに

　過去30年の間に、「内なる国際化」は進行し学齢期の外国につながる第2世代は12万人を超えた。しかし、教育現場においては、彼らは少数派であるため周縁化され可視化されにくいという構造的な問題がしばしば指摘されている。大学のグローバル化が推し進められるなか、そのまなざしは留学生や海外に向けられる傾向にあり、日本育ちの外国につながる学生たちの持つ言語文化的多様性が積極的に評価されることは少なく、社会や教育の場で不利な状況に置かれている可能性も否めない。

　北米では、1980年代にMcIntosh（1988）が、白人（人種的マジョリティ）であることで労なく得られる特権に対する気づきを言語化し、「差別と特権は表裏一体である」と構造的な問題を明らかにしたことで、アメリカ社会に「白人特権」という概念を浸透させるきっかけを作った（出口, 2019）。差別研究や立場理論、プリビレッジ・スタディーズの発展により、マジョリティ性を持つ人々が自分たちの「特権」を意識する教育こそが社会的公正を実現する方法であることが注目されてきた（グッドマン, 2017；出口, 2019）。

　日本では、ジェンダーや性的指向などの区分についてはマジョリティ性とマイノリティ性というアイデンティティにおける区分は存在するが、人種については北米とは異なる形が認識されていると考えられる。多文化化が進む日本社会をより公正でインクルーシブなものにするには、マジョリティ性とマイノリティ性による立場や特権の違いを可視化することは必須である。さらに、坂本・杉村（第3章）が述べているように、超多様化[1]する社会において、

少数派のみならず多数派の中にもアイデンティティを構成する属性が複雑になってきていることは明白であり、社会におけるどのような場面において「誰の（どういう属性を持つ人の）特権」が立ち表れるかをミクロに分析することは、日本に求められるマジョリティを対象とする教育の論点を明確化すると考えられる。

　本章では、日本社会における言語文化的マジョリティとはどのような人々か、そして、マジョリティに与えられ、マイノリティにはない特権とは何かを、「日本人特権尺度」を用いたアンケートとフォローアップインタビューから考察する。

2. 日本における「特権」とマジョリティ教育

2.1　「特権」の概念の重要性

　ある社会におけるマジョリティの「特権」の概念について、出口は「持って生まれた『立場』またはアイデンティティによって自動的に受ける恩恵」と定義する（第4章）。この概念の分析は、北米社会における白人特権研究の蓄積によるもので、何らかのマイノリティ性をアイデンティティの一部として持つ研究者や、人種差別問題に関わるプロセスにおいて自らの行動に後悔の念を抱える白人マジョリティによる「気づき」から生まれている。「マジョリティが持っている無自覚な特権」を可視化することが反差別運動に不可欠であることが認識されるにつれて、「特権」を知ることでマジョリティの意識を変える「社会的公正を実現する教育」の必要性が注目されてきた（第4章）。

　日本社会における「特権」の定義は北米のように人種カテゴリーのみで検討するのは困難である。第10章でレイシズムの複雑性とマジョリティの立ち位置の多様性について分析を行った久保田は、レイシズムは人種、民族間

1　スーパーダイバーシティという概念。コンテクストにより異なるアイデンティティが構築・遂行されるため、「○○人」という括りの中に存在する多様性は想像以上に複雑であるとする（第3章参照）。

で生まれるが、本質的に人間集団間の権力関係を維持するために歴史的・政治的に構築されてきたものであるとして、日本におけるレイシズムを多様な側面から分析している。

　さらに白人社会の優位性を疑うことなく内面化している日本人マジョリティは、人種ヒエラルキーの中間地に位置しており、マイノリティが差別撤廃や権利獲得のために動き出すことに対し、自らの権利を奪われると反動する例があることはヘイトスピーチなどからも明らかである。厄介なのは、人種差別撤廃条約をいまだ批准せず、そうした差別や嫌悪を厳正に処罰する法整備が進められず、極右組織の台頭や差別的発言を容認するといったふるまいが政治の舞台で公に発信されている政治の質の低さである。その現状は、日本社会においてマイノリティ自身が「声を出すこと」に躊躇し、既存の権力関係を受け入れ、「少数者として抗うより同化した者として沈黙する方が安全」という思考を招くことにもつながっていると久保田は述べる。

　ある社会に浸透している構造的な差別を解消し、社会を変革する難しさについては、被抑圧者が抑圧的社会構造を批判的に捉え、行動と省察をくりかえしながら自由を実践することが、社会システムを変え人間化をもたらすと説いたフレイレが著書『被抑圧者の教育学』の中で繰り返し述べている（フレイレ, 2018）。フレイレは、自分が抑圧者になることが目標という価値に基づく行動では社会は変わらず、同様に、被抑圧者に寄り添おうとする側の人間が、自分の立場は譲らず、自分のテリトリーを冒されないレベルで権力を譲渡する、「偽りの『寛容』」は無意味であり、被抑圧者が抑圧者を解放し、双方の人間性を回復することこそが重要であるとした。

　マジョリティに対する社会的公正教育が求めるものは、フレイレが目指した人間の解放のかたちそのものであると言える。抑圧的支配構造そのものを変えるには、マイノリティ・マジョリティ双方の意識の変革が必要であることは明白であり、マジョリティが自らの「特権」に気づくことはそのための挑戦であると言える。

2.2　「多文化共生」社会の模索とマジョリティ「特権」

　近年、日本社会において「多文化共生」という表現は広く使われるように
なった。戦前からの朝鮮半島出身者を中心とするオールドカマー、90年の
入管法改正により激増した日系南米人からなるニューカマー、研修・技能実
習制度により来日するアジア地域からの若者たちといった数多くの外国籍を
持つ人々が日本の総人口の約2%を占めている（2020年6月、総務省e-Stat）。

　しかしながら、第8章の横浜市鶴見区の事例で見られたように、都市の発
展に伴い外国人人口が集中し、実質的に外国人との「共生」という課題に直
面してきた自治体では、早い時期から様々な取り組みが行われてきた。言語
の障壁、地域社会の様々な場で表面化する「暮らし」における文化的差異か
ら発する問題に取り組むべく、外国人集住地となった自治体は外国人集住都
市会議などのネットワークを構築し、市民社会が現場で取り組んできた国際
交流、国際理解の実践を学び合い、当事者である外国人コミュニティと連携
しながら、独自の「多文化共生」を模索してきた。

　そうした取り組みの中でも、外国人労働者とその家族、特に学齢期にある子
どもの教育は、まず直面する課題であった。外国人子弟の就学を義務付けてい
ない日本ではそもそも就学のために必要な情報の多言語化が不足していたこ
とから、学齢期の子どもの権利を保障する活動として、多言語による就学支援
が市民社会組織や自治体のイニシアティブによって積極的に行われてきた。

　そうした流れを受けて、外国人当事者の立場に寄り添う政策も見られてい
る。東日本大震災後、災害教育の重要性が注目された影響もあり広く導入さ
れることになった「やさしいにほんご」（庵, 2016）もその一つと言える。さらに、
2018年の入管法改正後「外国人材の活用推進」の「総合的対応策」として生
活者としての外国人支援のための政策が取り組まれてきている。2018年12月、
文科省に「外国人の受入れ・共生のための教育推進検討チーム」[2]が設置され、
2019年には政府が初の外国人の子どもの不就学調査を実施するなど、当事者
に歩み寄る政策が開始されたとも言える。

2　文科省「外国人の受入れ・共生のための教育推進検討チーム報告書」参照。

　しかし、こうした政策は基本的に、マジョリティ側の文化の中でマイノリティが「生きやすく」することを目的としており、ホスト社会の優位性は変わらない[3]。こうした政策を有効活用し日本の教育システムの中で「成功」していく社会層は、ホスト社会への同化を実現できる人々に限定される。構造的変革が起きなければ、ホスト社会でマイノリティ側の人々が日常的に受けるマイクロアグレッション（microaggression）[4]は継続されることになる。

　近年の教育現場では、「移民第二世代」と呼ばれる両親あるいはどちらかが外国籍であり日本で生まれた外国につながる子どもの数が確実に増加している。教育現場をめぐる「内なる多文化化」がますます複雑化する中で、マジョリティ側の文化を内面化させることが第一の目的となってしまえば、マジョリティ側の意識変革といった気づきは生まれず、マイクロアグレッション、あるいは自らの言語文化的属性を否定し、無価値なものとするマイクロインバリデーション（microinvalidation）はさらに見えにくい形で持続され、日常生活においてマジョリティから受ける暴力に苦しみ続けることとなる。

2.3　マジョリティ教育がもたらす「気づき」

　マジョリティが自らの「特権」に気づいた時、誰もが一瞬「戸惑い」「恐れ」に襲われるという。それを内省し、乗り越え、自分の相対的利権への固執よりも、社会的公正が保障される制度やそのための文化変容を優先するという選択が、誰もが安心して暮らせる社会の構築には何よりも重要であることを意識し、そのための行動につなげる潜在力を引き出すために、マジョリティを対象とする社会的公正教育の持つ力は大きい。

　2016年より大学生対象に特権概念を取り入れた教育を実践している渋谷は、第5章で、多文化共生教育に不可欠な視点として、マジョリティ集団が自分自身と社会構造を見直し、自らが無意識に持っている「特権」を意識

3　坂本・杉村（第3章）は、日本語教育の支援拡充策について、双方の意識が「共生」に向かった実施であるかが鍵となるとしている。

4　社会の中で周縁化されているグループに属する人々に対して、目立たない形で、多くは無意識に、継続性をもって行われることで、当事者の自尊心を傷つけ、深刻な心理的ダメージをもたらす差別的言動・行為のこと（スー, 2020）。

的に問い直す試みが注目されているとする。北米では文化的多様性の理解と社会的公正の双方が重要な要素となりつつあるのに対し、日本においては、多文化共生教育の学びは自分たちを「（マイノリティを）理解する側、支援する側」という「受動的共感」をもたらすに過ぎず、それは自分自身の立場や価値観、行動を見直すことにつながっていないとする。

　しかしながら、「多文化共生教育」の授業で「特権」を体感するゲームを実践すると、学生の中から「特権の有無」に対する明確な意識が生まれる。「特権がある」と知った時の気まずさと優越感、立場を変えたくないという意識と、「不利な状態にある」ことに対する怒りや不満、あきらめ、無気力という意識を疑似体験することは、差別や社会的不公正の問題が社会構造そのものにあるということの気づきを得る教育になりうることを示唆している[5]。第8章で紹介した、鶴見区のNPOが実践するワークショップ「外国人の気持ちになってみる？」もまた、マジョリティ側がマイノリティ側の現実を体感し、自分たちが日本社会で恒常的に持つ「特権」への気づきを与える試みと言える。

　このように、マジョリティに対して行われる社会的公正のための教育は、「受動的共感」にとどまらない「（抑圧者の）自由と解放の実践」としての可能性を持っている。しかしながらその実践には細心の配慮を必要とするし、日本生まれ、日本育ちでありながら外国とつながりを持つ子どもたちが日本の学校に通うようになり、それぞれのエスニック・アイデンティティが可視化されないまま日本人マジョリティと机を並べていることも少なくない。次節では、言語文化的多様性と「特権」の意識との関連性を、日本の20歳前後の若者に対して実施した「日本人特権尺度」アンケートへの回答から考察する。

5　渋谷（第5章）はこうした体感型ワークショップの実践には参加者の感情への配慮が不可欠であることと、ワークでの経験を現実の社会問題と結び付けることへの難しさを指摘している。

3. 方　法

　本調査の参加者は、首都圏に位置する短期大学の在学生と卒業生、合計
150人からなる。表1は、参加者のジェンダー、学年、言語文化的属性を示す。
年齢の平均は19.5歳、2021年4月に入学した1年生が、最も多く70人（46.7%）、
ついで2年生56人（37.3%）、3年生以上（卒業生含む）24人（16.0%）であっ
た。言語文化的多様性を、本調査では、①国籍、②民族・人種、③第一言語
（母語）、④日本語が第一言語ではない家族の有無とし分析することにした。

表1　参加者の属性

		人数	%
ジェンダー	男性	0	0
	女性	150	100.0
	その他	0	0
学年	1年生	70	46.7
	2年生	56	37.3
	3年生以上（卒業生含む）	24	16.0
①　国籍	日本のみ	137	91.3
	日本以外含む（重国籍11）	22	8.7
②　人種・民族[6]	日本民族のみ	137	91.3
	日本民族以外（複数民族12）	21	8.7
③　第一言語（母語）	日本語のみ	135	90.0
	日本語以外（複数母語7）	15	10.0
④　日本語が第一言語ではない家族の有無	なし	122	81.3
	あり	28	18.7

　参加者の①国籍は、日本137（91.3%）、大韓民国2（1.3%）、中国2（1.3%）、
その他のアジアの国6（4.0%）、北米3（2.0%）、中南米5（3.3%）、欧州3（2.0%）、
その他1（0.6%）であった。「その他のアジア」の内訳は、カンボジア、ス
リランカ、ベトナム、フィリピンで、②民族・人種（複数回答可）は、日本
人・大和民族137（91.3%）、ラティーノ・ヒスパニック5（3.3%）、コリアン・

6　多数派と少数派の分類では、人種は除いて集計した。

朝鮮・韓国人3（2.0%）、中国人2（1.3%）、その他のアジア人7（4.6%）、白人3（2.0%）、黒人1（0.6%）であった。③第一言語（母語）[7]（複数回答可）は、日本語135（90.0%）、日本語以外15（10.0%）で、日本語以外は多い順に、スペイン語、ポルトガル語、英語、タガログ語、中国語、カンボジア語、シンハラ語であった。④日本語が第一言語ではない家族の有無については、なし122（81.3%）、あり28（18.7%）となった。

　上記150名の参加者に対して「日本人特権尺度」アンケートを、2021年3月から4月にかけてグーグルフォームで実施した。「日本人特権尺度」は、日本に住む人々の「日本人特権」に対する意識がどのように異なるかを明らかにするために開発されたもので、開発の経緯や内容の詳細については第6章に述べられている。質問項目（全52項目）は、6つの特権カテゴリー：法的権利（4項目）、社会参加（10項目）、教育（9項目）、文化・言語・アイデンティティ（10項目）、真正性（11項目）、差別（8項目）からなる。表2は、各カテゴリーの項目例を表す。参加者は質問に対して5段階（非常にそう思

表2　「日本人特権尺度」の項目例

特権のカテゴリー	項目例
法的権利に関する特権	私は政治に自分の意見を反映させるための、選挙権・被選挙権などの機会をもっている。
社会参加に関する特権	私は、進学や就職の場面で、自分の国籍や民族、人種を理由にあきらめなければならないことがない。
教育に関する特権	（小学校から高校までの）学校で学ぶ知識や価値観と、私が自分の家庭で学ぶ知識や価値観がほぼ一致している。
文化・言語・アイデンティティに関する特権	自分の国や文化について、私は、誇りをもって人に話すことができる。
真正性に関する特権	新聞やテレビなどで「我が国で…」「我々は…」「国民は」という言葉を聞いたとき、私は、自分がその中に含まれていると感じることができる。
差別に関する特権	民族や人種、国籍などの違いによって、私は、差別を受けることがない。

7　第一言語・母語の定義を明確には示していないので、参加者の解釈による。調査時点で自分が一番よくできる言語、あるいは家庭で使用する言語などで、一つに絞れない多言語話者の場合は複数回答したと考えられる。

う、そう思う、どちらとも言えない、そう思わない、全くそうではない）から、最も当てはまるものを選び回答する。

　参加者の言語文化的属性：①国籍、②民族・人種、③第一言語（母語）、④日本語が第一言語ではない家族の有無と、6カテゴリーの得点と総合得点を、ウィルコクソンの順位和検定により2群比較し、有意確率はp<0.05に設定した。全ての統計解析はSTATA（version 14.2; Stata Corp College Station, TX, United States）を使って行った。

　さらに、アンケート実施から2～3週間の間に、言語文化的属性の異なる2名を選んでフォローアップインタビューを行った（表3）。Aは日本人の両親を持ち日本で生まれ育った日本語母語話者で、①から④全てが多数派となる。Bは、日本とイランの国際結婚の両親を持ち日本で生まれ育ったので、②民族・人種と④日本語が第一言語ではない家族がいる点において少数派となる。一方、2人は同じ大学で学び神奈川県出身であるため、受けた教育と育った環境に共通点がある。インタビューはZoomを用い1対1で行い音声のみ録音し、録音データ（計100分）を文字化し分析した。

表3　フォローアップインタビュー参加者属性

言語文化的属性	仮名	年齢	国籍	日本語が第一言語ではない家族の有無	生まれ育ち	第一言語（母語）	継承語
多数派	A	19	日本	なし	日本	日本語	なし
少数派	B	23	日本	父　イラン	日本	日本語	ペルシア語

　本章の目的は、日本社会で「特権」の有無に関与する要因を、言語文化的多様性から探ることである。そこで、日本の短期大学の在学生及び卒業生の「日本人特権」に対する意識が、本人の持つ言語文化的多様性によって違いがあるか、あるとしたらどのような違いがあるかを考察するために以下の研究課題を設定した。

1. 言語文化的多数派と少数派で結果に違いがあるか。
2. 「日本人特権」を意識しているのはどちらのグループか。
3. 各グループの意識にはどのような違いが見られるか。

4. 言語文化的少数派内に違いがあるか。

5.「日本人特権尺度」は、言語文化的多数派の持つ「特権」への気づきを促すことができるか。

4. 結　果

4.1　「日本人特権」の得点

　表4は、国籍、民族・人種、第一言語（母語）、日本語が第一言語ではない家族の有無における多数派と少数派の6カテゴリーの得点とそれらの合計からなる総得点を表す。各属性について日本のみを多数派、多様性ありを少数派の2グループに分けて集計した。各グループの得点の中央値に加え、a：25パーセンタイルとb：75パーセンタイルの値も示した。中央値で示される

表4　言語文化的属性の多数派・

言語文化的属性	グループ	N	法的権利（4項目）		社会参加（10項目）		教育（9項目）	
			中央値	P値	中央値	P値	中央値	P値
国籍	多数派：日本国籍のみ	126	17	p＜.05	47	p＜.05	43	p＜.05
			15　18		41.5　50		40　45	
	少数派：その他	23	12		35		28.5	
			9　19		29　40		25　35	
民族・人種	多数派：日本人・大和民族のみ	125	17.5	p＜.05	47	p＜.05	43	p＜.05
			15　20		42　50		40　45	
	少数派：その他	23	13		37		32.5	
			10　16		29　40		26　37	
第一言語（母語）	多数派：日本語のみ	128	18	p＜.05	47	p＜.05	43	p＜.05
			18　20		41　50		41　45	
	少数派：その他	20	10		35		28	
			8　14		26　40		25　35	
日本語が第一言語ではない家族	多数派：なし	120	17	N/A	48	p＜.05	43	p＜.05
			15　20		41.5　50		41　45	
	少数派：あり	24	14		39.5		32.5	
			10　19		34　41		25　37	

得点が高いグループの方がもう一方のグループより特権を有していると解釈できる。

　特権尺度の総得点を言語文化的属性（多数派 vs. 少数派、差）で示すと、国籍（237 vs. 168, 差69）、民族・人種（237.5 vs. 186.5, 差51）、第一言語（237.5 vs. 160, 差77.5）、日本語が第一言語ではない家族の有無（238.5 vs. 193, 差45.5）と、多数派の得点の方が高く、統計的にも有意差（p<.05）があることがわかった。最も差が大きいのは、第一言語においてで、多数派と少数派の差は77.5であった。ついで国籍の差が69、民族・人種51、日本語が第一言語ではない家族の有無45.5であった。

　次に、カテゴリー別の結果では、法的権利については、国籍（17 vs. 12）、民族・人種（17.5 vs. 13）、第一言語（18 vs. 10）、日本語が第一言語ではない家族の有無（17 vs. 14）となり、全カテゴリーで多数派の得点の方が高

少数派の「日本人特権」得点

文化・言語・アイデンティティ (10項目)			真正性 (11項目)			差別 (8項目)			総得点 (52項目)		
中央値		P値	中央値		P値	中央値		P値	中央値		P値
48			51			36			237		
45	50	p<.05	47	53	p<.05	31	36	p<.05	226	248	p<.05
37			35			22			168		
34	43		28	43		19	28		147	195	
48			51			36			237.5		
45	50	p<.05	47	53	p<.05	31	36	p<.05	226	248	p<.05
41			36			23			186.5		
36	42		29	42.5		20	34		153	194	
48			51			36			237.5		
45	50	p<.05	47	53	p<.05	31	36	p<.05	226	249	p<.05
37			35			22.5			160		
32	42		28	41		19	28		145	193	
48			51			36			238.5		
45	50	p<.05	47	53	p<.05	31	36	p<.05	227	249	p<.05
42			39			26			193		
36	45		30	46		20	34.5		156	209	

Note: p<.05, 中央値の下（a, b）は、a：25パーセンタイル、b：75パーセンタイルの得点

179

かった。社会参加得点においても、国籍（47 vs. 35）、民族・人種（47 vs. 37）、第一言語（47 vs. 35）、日本語が第一言語ではない家族の有無（48 vs. 39.5）となり、多数派の得点の方が高かった。教育の得点でも、国籍（43 vs. 28.5）、民族・人種（43 vs. 32.5）、第一言語（43 vs. 28）、日本語が第一言語ではない家族の有無（43 vs. 32.5）となり、多数派の得点の方が高い結果となった。

文化・言語・アイデンティティでも同様に、国籍（48 vs. 37）、民族・人種（48 vs. 41）、第一言語（48 vs. 37）、日本語が第一言語ではない家族の有無（48 vs. 42）となり、多数派の方が高かった。真正性得点でも、国籍（51 vs. 35）、民族・人種（51 vs. 36）、第一言語（51 vs. 35）、日本語が第一言語ではない家族の有無（51 vs. 39）となった。差別得点は、国籍（36 vs. 22）、民族・人種（36 vs. 23）、第一言語（36 vs. 22.5）、日本語が第一言語ではない家族の有無（36 vs. 26）と多数派の得点の方が高い結果となった。さらに多数派と少数派の得点は、法的権利の日本語が第一言語ではない家族の有無について以外は、統計的に有意差がある（p＞.05）ことが認められた。

4.2　言語文化的属性とマイノリティ性

アンケートの結果、多数派と少数派の得点の違いには、6カテゴリーについて4つの言語文化的属性ほぼ全てにおいて統計的に有意な差が認められたが、多数派と少数派の得点の差は、特権のカテゴリーによって、また、言語文化的多様性のタイプ（国籍なのか民族・人種なのかなど）によって異なることもわかる。図1は、各言語文化的属性における多数派・少数派の中央値の差をカテゴリー別に表したものである。カテゴリー別中央値の差が最も大きいのは、差別：差6.32で、ついで教育：差5.62、真正性：差5.37、次に法的権利：差5.13、社会参加：差4.25、文化・言語・アイデンティティ：差3.50となる。言語文化的属性とグループ差の総得点の差に着目すると、第一言語1.49、国籍1.33、民族・人種0.98、日本語が第一言語ではない家族の有無0.88の順となった。つまり、今回の参加者にとっては、日本語が第一言語かどうかが最も優位性に関与する言語文化的属性であると言える。

図1　言語文化的多数派と少数派の６特権の差

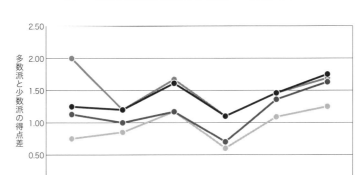

	法的権利	社会参加	教育	文化・語・アイデンティティ	真正性	差別	総得点
━●━ 国籍	1.25	1.20	1.61	1.10	1.46	1.75	1.33
━●━ 民族・人種	1.13	1.00	1.17	0.70	1.36	1.63	0.98
━●━ 第一言語(母語)	2.00	1.20	1.67	1.10	1.46	1.69	1.49
━●━ 日本語が第一言語ではない家族の有無	0.75	0.85	1.17	0.60	1.09	1.25	0.88
計	5.13	4.25	5.62	3.50	5.37	6.32	

　言語文化的属性に注目すると、特権によって影響する言語文化的属性の種類が異なると言える。まず、国籍と第一言語は全カテゴリーにおいて、民族・人種と第一言語が日本語ではない家族の有無よりも多数派と少数派の差が大きいことがわかる。そのパターンが最も顕著なのは、差別と教育である。つまり、言語文化的多様性を持つ人々は、国籍と日本語力によって教育を受ける機会や実際の教育の現場で多数派に比べ不利な立場に置かれやすいということを意味している。法的権利については、第一言語か否かが最も影響が高い属性となり、国籍は他の属性と同程度の差しか見られなかった。その理由は、22人の国籍の少数派の約半数が日本国籍と他の国の国籍を持つ重国籍であったことによると考えられる。重国籍者は、法的権利については日本国籍を持つ人と同じ権利があるため高得点で回答した結果、多数派と少数派の差が小さくなったと考えられる。

　多数派と少数派の得点差は、日本社会における言語文化のマイノリティ

性を考える上でのヒントになるのではないだろうか。なぜなら、日本社会において、国籍（日本国籍）や第一言語（日本語）が権利を有する（言語文化的マジョリティ）である可能性が高い。この点は、白人か有色人種かという「人種」が特権の有無に大きく作用する北米と日本が異なる部分かもしれない。ただし、真正性と差別に関する特権については、国籍、第一言語に加えて、民族・人種の差も大きくなることから、日本においては日本人とそうでない人を差別化する際に「民族」も影響力がある言語文化的属性であると言える。

5.「日本人特権」に対する自覚

　前節では、言語文化的属性の種類が特権の程度や種類に関係することが明らかになった。実際に言語文化的な多数派と少数派は、特権をどのように自覚しているのだろうか。また多数派と少数派で、日常生活での経験に違いがあるのだろうか。

　この節では、2名（A：言語文化的多数派、B：言語文化的少数派）の参加者に対して行ったフォローアップインタビューから、「日本人特権」の理解と自覚を、カテゴリーごとに考察する。インタビューでは、最初にこのアンケートについてどのような印象を持ったかを尋ねた。多数派であるAは、自分自身を「普通の日本人」と形容し、アンケートで自分に該当するものが少なかったと答えた。

　A：なんか私は日本人っていうか、本当に普通の日本人だったので、そういう、あんまり該当するものが、あんまりなかったかなっていう感じでした。

　一方、言語文化的少数派のBは、自分に置き換えて当てはまる部分と当てはまらない部分を取捨選択しながら回答したと振り返ったが、自分にはあまり該当しないものも多いと感じたようだ。

B：なんか、あんまり当てはまらないものもあったんですけど、日本人として生きてきたので。「これ違うかな」っていうのも、思ったのもありましたし、なんか、「指摘を受ける、外国人扱いされる」みたいな質問あったと思いますけど、「あ、それだ」みたいな感じ、（中略）自分自身に関することはあんまり当てはまらないなと。

政治的権利に関する特権例：私は政治に自分の意見を反映させるための、選挙権・被選挙権などの機会を持っている。

　「政治的権利」の項目について、Aは特に語ることはなかった。Bは、自分には選挙権があるが、日本に帰化した友人から、選挙の仕方について最近聞かれたことを語った。Bはこのインタビューにより、自分が参政権という「特権」を持っていることを改めて意識したと考えられる。

B：私は、あんまり、もう自分が選挙権を持ってるっていう前提だったので、特に思わなかったんですけど、前にあのSちゃんいるじゃないですか、（中略）この前、やっと国籍、手に入れたから選挙行くんだけど、どうやってやればいいのみたいな感じで。あの、連絡が来たことがあって、それを思い出しましたね。

　日本国籍を有し法的権利を保障されているBではあるが、薬局や銀行で身分証を求められた際、日本人として扱われなかったことに憤りを感じたという。

B：身分証とかは、特になんか、あんまり意識、そういうのは、あんまり意識した事がなくて、当たり前な感覚ではいたんですが、まあ、パスポートとかの件に関してだと、あの薬局とか行った時に「パスポートお持ちですか」って、あの英語で書いたシートを見せられたことが1回あったのと、妹の銀行の口座作るときに、あの、「登録証見せてください」みたいな。あれを見せてくださいみたいな、言われたことがあって。で、日本人ですけど、みたいな感じで、私が切れ気味でゆっ

　たら、なんか、めちゃくちゃ謝られたっていう。

　銀行の人からすると悪気はなく、見た目から外国人であると判断したのだろうが、一方で見た目が日本人でない人が日々受けるマイクロアグレッションの様子も窺える。Bにとってみれば、自分の外見だけで判断された上、身分を開示しなければならない差別的な扱いをされた気持ちになることは容易に想像できる。Bの場合、「法的権利」は多数派と同じ点にした可能性が高いが、エピソードが示すように自分の権利が保障されないこともあるという現実を受け入れながら生活していることがわかる。

社会参加における特権例：私は、進学や就職の場面で、自分の国籍や民族、人種を理由にあきらめなければならないことがない。

　Bはインタビュー当時、大学を卒業し社会人になったばかりだった。社会参加についてのエピソードとして、就職活動中、自分自身のルーツについて聞かれた経験や、母親が、父親との交際と結婚を反対されたことを語った。

B：就活は、そうですね　就活は嫌な思いしてはないかなって思うんですけど、でもやっぱりルーツはすごいよくきかれたかな。

B：お母さんが、お父さんと結婚するとき「ものすごい反対された」って言ってたので、あの、「外国人と付き合うなんて」、「結婚するなんてけしからん」みたいな感じで。なんかもう「駆け落ちみたいな感じで結婚した」って言ってたんで。まあそうなるんだろうなとか思います。

教育に関する特権例：（小学校から高校までの）学校で学ぶ知識や価値観と、私が自分の家庭で学ぶ知識や価値観がほぼ一致している。

　Aは、今回のアンケートで奨学金に国籍の条件がついていることがあると初めて知ったと述べたが、一方で、学校で学ぶ文化と家庭文化が異なる人の存在を理解しているコメントをした。

A：なんか家、親が日本人じゃないから、家ではなんか、なんだろう、なんか食事とかがその親の国の食事だから、その学校で使っている教科書とかに載ってる、なんか「食」とかそういう、そういう文化が違う人がいるかなって思います。

文化・言語・アイデンティティに関する特権例：自分の国や文化について、私は、誇りをもって人に話すことができる。

Bは、日本における「外国」とは「アメリカ＝白人社会」と広くイメージされていることを、生活の端々で体験している。そしてその表象に対して自分の民族的属性が周縁的な立場に置かれてしまうことに、居づらさを感じる場面がしばしばあったようだ。

B：小学生の時とかは、アメリカしか多分知らないんですよ。外国のこと。「アメリカ人だ」って言ってくるから、「イランだ」って言っても、「イランなんて国ないよ」みたいな感じで、否定されるので。余計に、何でしょう、変な、なんでしょうね、否定されるので。自分のルーツすらもなんか、あってるのかなみたいな感じには陥ることはあります。

真正性に関する特権例：新聞やテレビなどで「我が国で…」「我々は…」「国民は」という言葉を聞いたとき、私は、自分がその中に含まれていると感じることができる。

真正性に関する質問でどのようなことを考えましたかと尋ねたところ、Aは、最初は「『我が国』と言われたら外国人は『自分は入ってない』と思うかもしれない」と答えた。それはそのままAの見解のように聞こえた。

A：ここで暮らしてるし、関係はある、とは思っているかもしれないけど、「我が国」とか言われたら自分はその国の人じゃないから、言われてないかもって、なっちゃうかもしれないなと思います。……親だと全く関係ない、確かに親だったら関係ないと思っちゃうかもしれない。

でも子どもは最初からその国で過ごしているんだったら、なんか親よりは思い入れみたいのがあるかなって思うんで。(その子をどう見る？)……でも、別に含まれてると思います。

　しかしその後Aは、「親子では違いがある」と言い始めた。子どもの場合は、親より日本に対して強い思いがあるから、「我々」に含まれると思うだろうと考えたようだ。最初、外国人は日本に住んでいても「我々」には入らないと思っていたはずが、話しているうちに、A自身の考えが揺れていく様子がわかる。

　一方、Bは以下のように述べた。

B：あんまり、日本人のことを「私たちは」って言わないですね。「日本人は」みたいな感じで……なんか、この表現(我々)があんまり好きじゃない。まあ、確かに私は日本人だと思うし、日本にずっと住んでるし。まあ我々なんだろうなと思うんですけど、我々って素直に言えないって感じですかね。国民という意識もあるけど、なんか素直に言えない。(中略)でも、「日本人」じゃないって言われてきたことが多すぎたので、なんか自分、「日本人」って言いたいんですけど、何か素直に言えない感じがします。

　BはAとは異なり、常に他者が自分をどう捉えているのかを意識してきたことがわかる。おそらく、子どもの頃から周りの人が自分をどのようなカテゴリーを通して捉えているかを常に考えざるを得なかったことが窺える。現在では「私たち」はさけて「日本人は」という客観的な言葉を選ぶようになった、というのは真正性についての違和感を明言している点で示唆的である。しかしながら、父方の国の人々からは、逆の見方をされるという。

B：イランのいとこに、前、連絡した時に、あなたは「日本人だよね」み
　　たいなこと言われたことがあって、あ、なんか自分どっちにも属して
　　ないなって。日本では「日本人っぽくないよね」って言われて、イラ
　　ンでは「イラン人っぽくない」って言われて、なので、どっちにも属
　　してないし、「我々」に含まれている感じもしない。

　真正性は、「日本人特権」の中心的なものではないだろうか。何の迷いも
なく「我々」を使うことができ、「国民は」ということばを耳にすれば自分
のことに置き換えられることが、日本におけるマジョリティ特権があること
の表れでもある。言語文化的多様性を持つ人々との共生を考えるために、特
権を持つマジョリティ側がAのようにこのことを考えてみることが重要だろ
う。最後に、差別に関する特権について多数派と少数派を比較する。

差別：民族や人種、国籍などの違いによって、私は、差別を受けることがない。
　Aは、民族・人種的属性から生じる「差別」に関する経験について問われ
た時、「（日本人マジョリティの）民族的特徴とは異なる外見」を持つ場合が
思い浮かんだようだ。

A：なんかやっぱ、肌の色とか、私のいとことか普通の日本人なんですけ
　　ど、結構髪の毛がすっごいくるくるで、本当にクルクルで。なんかそ
　　のことを言われちゃったりとかしているので。……その子は何か、「髪
　　の毛がくるくるだから外国人だ」って言われる。

　Bは、中学以降、学校で遭遇する多数派からの差別的な発言や行動による
マイクロアグレッションを経験しており、そのことに対し自分が言語文化的
少数派であることが理由だと感じていた。しかし、徐々に相手の態度を無知
からくるものと受け入れることで、自分自身の葛藤を小さくする術を身につ
けている。しかし、やはり差別に対して身構えていることが談話から読み取
れる。

B：小学の時は全くそんなことは思ってなかったんですけど、中学生の時に、なんか昼休み、友達と外で遊んでたら、2階の教室から「国に帰れ」みたいな大声出されたりとか、廊下で通るたびになんかヒソヒソ言われたりとか、ゴミ投げられたりした時には、名前を大声で叫ばれてからかわれた時、そういう時は「自分がこんな名前じゃなければ」とか、「自分が日本人だったらこんなことはなかったのに」っていうのは、すごい思いました。中学生の時が1番それでした。お父さんも大っ嫌いで、「日本人だったらよかったのに」みたいなのはあって、反発もしました。

B：中学生の時は完全にルーツのせいだ。私のせいだっていうふうに思ってたんですけど、今は、もう、相手が「たぶん勉強してないんじゃないの」みたいな感じですか。自分のルーツがいけないっていうよりは、相手の知識不足っていう方に責任転嫁っていうかシフトしました。

B：「また言われたな」みたいな感じにはなりますね。もしそういうのがあったときに。「あ、またか」みたいな。だから傷つくものは傷つきますね。

　この事例は、この中学校という公教育の場が、言語文化的少数派が自分のルーツとの葛藤を抱える場になってしまっている事実を示している。多数派側は、少数派が差別を受けていることを想像することすらできない。なぜなら、現在の公教育のカリキュラムでは、言語文化的多様性に気づく機会さえ与えられないからだ。Bが実体験から見つけ出した「（相手の）知識不足」という解は、マジョリティ側はなかなか得ることはできない。
　Bは、「日本人特権」への気づきについて、海外生活をしたことがある人などは気づいているが、機会がなければなかなか意識することは難しいとした上で、気づいたとしてもそれをどう受け止めるかは世代や人によって違うだろうと言っている。でも大学生なら、きっかけがあれば気づくことはでき

るだろうと述べた。

　B：それで気づく、気づける人もいると思うし、逆に、「だから？」ってい
　　　う人もいるかなっていう。今の大学生とかだったら、たぶんきっと気
　　　付くんじゃないですか。（中略）上の世代の人、そういういっさい関
　　　わらないで過ごしてきた人だと、なんか「それが当たり前だけど、ど
　　　うしたの？」みたいな。「日本人じゃないんだから当たり前でしょ」み
　　　たいな。まあ、わかってない、偏見ですけど、あるのかなって。

　少数派のBは、多数派側の意識の変化について慎重な見解を示しながらも、
その可能性を発見している。実際、Aは本アンケートに触れたことで、「マ
イノリティ側はどう思うだろうか、どう感じるだろうか」という想像の機会
を得ることができたと考えられる。Bの述べる「きっかけがあれば気づくこ
とはできる」という語りは象徴的である。

6. 考　察

　本章は、日本社会において言語文化的多様性が「日本人特権」にどのよう
に作用するかを考察するために、言語文化的多数派と少数派の違いに焦点
を当てた。言語文化的多様性を定義するために、①国籍、②民族・人種、③
第一言語、④日本語が第一言語ではない家族の有無によって、「日本人特権」
を持つかどうか、どの程度あると認識するかは多様ではあるが、多数派と少
数派では統計的にも有意な差があることが確認できた。
　これらの結果から、本研究の研究課題を検証する。

①　言語文化的多数派と少数派で結果に違いがあるか。
　明らかな違いがあったと言える。法的権利と国籍を除いては、6つの特権
カテゴリーについて4つの言語文化的属性（国籍、民族・人種、第一言語、
日本語が第一言語ではない家族の有無）に統計的有意差が認められた。

②　「日本人特権」を意識しているのはどちらのグループか。

フォローアップインタビューの人数は限定的ではあったが、少数派の方が「日本人特権」を意識していると考えられるコメントが多かった。また、言語文化的少数派には、当事者としての意識と共感力があると言える。自分自身に該当せずとも、特権のない側の状況を想像でき、気持ちにも共感することができる。それは自分の周りに自分とは異なる経験をした親や兄弟、知人が身近にいることによると考えられる。

③　各グループの意識にはどのような違いが見られるか。

真正性、すなわち日本社会の一般的価値観、メディアが流布する「我々」という表象に触れた時、自らの持つ言語文化的属性（なかでも「民族・人種」）を「そこには含まれない要素」として捉える傾向が認められた。また、教育場面でも「国籍」「第一言語」という属性がマジョリティとの距離感を感じさせる結果となっているが、これは公教育の持つ（さらに強められようとしている）国民性の重要視と無関係ではないだろう。ひるがえって、言語文化的多数派は、真正性、教育、差別に関して特権を実感する機会はほぼないか、仮に機会があったとしても深い理解には至っていない可能性が高い。

④　言語文化的少数派内に違いがあるか。

調査対象は多くはなかったが、言語文化的少数派にも違いが存在する可能性があることが統計上も明らかになった。言語文化的属性の中でも、どの属性を持っているかにより特権のカテゴリーが異なる。

⑤　「日本人特権尺度」は、言語文化的多数派の持つ「特権」への気づきを促すことができるか。

フォローアップインタビューから、アンケートにより言語文化的多数派に気づきがあったことが明らかになった。したがって「日本人特権」への気づきを促すようなマジョリティ教育プログラムの開発は意義があることを示唆している。

　調査の結果、言語文化的多様性は「日本人特権」という権力を与えられるかどうかに深く関わっていることが明らかになった。言語文化的多数派は「日本人特権尺度」の全項目を当たり前のこととして受け止めているのに対し、少数派は自分に当てはまるものと当てはまらないものを意識的に分類しながら回答していた。さらに、言語文化的少数派も一枚岩ではなく、スーパーダイバーシティの様相を呈していた。例えば、「国籍」と「第一言語」が多数派と少数派の差が大きかったことから、日本育ちの国際結婚家庭の参加者などは、両親が外国人の参加者に比べると、「日本人特権」に関して無自覚な可能性があり、少数派も多様であると言える。

7. おわりに

　本章は日本社会において言語文化的多数派とはどのような人々か、多数派にのみ与えられ、少数派にはない特権とは何かを、「日本人特権尺度」を用いたアンケート調査とインタビューから考察し、言語文化的マイノリティを、国籍、民族・人種、第一言語、日本語が第一言語ではない家族の有無によって定義することを試みた。さらに、「日本人特権」として、政治的権利、社会参加、教育、文化・言語・アイデンティティ、真正性、差別の6カテゴリーから捉えられる可能性を検証することができた。一方で、言語文化的多数派と少数派では「特権」に関してその経験や意識に大きな隔たりがあることも明らかになった。「日本人特権尺度」はまだ開発段階にあり、6カテゴリーの項目数に偏りがあることや特権が不明確な項目があるなど改善すべき点もある。また、本調査の対象が20歳前後で同じ教育を受けた女性のみという同質性の高いグループを対象とし、データ数も十分とは言えないため一般化するには限界があるが、ある程度の妥当性が示唆されたと考えられる。

　今後は、同調査を幅広い世代や職業の人々を対象に実施し言語文化的多様性以外のマイノリティ性についてさらなる分析が必要である。同時にマジョリティである言語文化的多数派の中にある多様性が、特権の認識にいかに影響するかについても考察しなければならない。さらに、マジョリティが「日

本人特権」を意識化するための教育プログラムを開発することは、公正でインクルーシブな日本社会を構築するために重要な意味を持つだろう。

参考文献

庵功雄（2016）『やさしい日本語　多文化共生社会へ』東京：岩波新書

総務省e-Stat「人口推計（2020年6月概算値）」および「在留外国人統計（2020年6月）」（https://www.e-stat.go.jp）2021年6月13日参照

ダイアン・J・グッドマン（著）出口真紀子（監訳）田辺希久子（訳）（2017）『真のダイバーシティをめざして：特権に無自覚なマジョリティのための社会的公正教育』東京：上智大学出版

出口真紀子（2019）「白人性と特権の心理学：植民地時代からトランプ以後まで」上智大学アメリカ・カナダ研究所編『北米研究入門：「ナショナル」と向き合う』pp. 131-165（上智大学新書）東京：上智大学出版

デラルド・ウィン・スー（2020）マイクロアグレッション研究会（訳）『日常生活に埋め込まれたマイクロアグレッション――人種、ジェンダー、性的嗜好：マイノリティに向けられる無意識の差別』東京：明石書店

パウロ・フレイレ（2018）三砂ちづる（訳）『被抑圧者の教育学（50周年記念版)』東京：亜紀書房

文部科学省「外国人の受入れ・共生のための教育推進検討チーム報告書」（https://www.mext.go.jp/a_menu/kokusai/ukeire/1417980.htm）2021年6月13日参照

McIntosh, P. (1989). White privilege: Unpacking the invisible knapsack. *Peace and Freedom*. July/Aug, 10-12.

第4部

マクロとミクロ
社会的に醸成される差別

第10章　レイシズムに対抗する 多数派の立ち位置と責務

久保田　竜子

1. はじめに

　私たちが暮らす現代社会では、利潤のみを追い求める資本主義、社会経済的豊さの実現は自己責任に帰するとする新自由主義、権力を絶対的なものとして他者を服従させようとする権威主義などが幅を利かせている。特に弱肉強食の新自由主義体制の中で、境遇に恵まれない社会的弱者への公的支援が削減されていくことによって、格差問題が深刻化している。その上、弱い立場の個人や集団の排除やバッシングが横行する中で、社会的弱者にとって生きづらい世の中になっている。

　しかし、このような現実の対極にある理想の自由主義社会では、全ての人の尊厳が認められ、人権が尊重される。さらに、社会的・経済的公正の達成が目標とされる。もちろん個人や集団はそれぞれ異なる社会的・経済的・歴史的境遇を持ち、同一ではなく、それぞれ権力階層の中で異なる地位を占めている。最上位に君臨するのは権力のある多数者であるのに対して、最下位に存在するのは多くの場合、少数者である弱者である。日本で権力を持つ多数者は、日本国籍を持つ者、それもジェンダーや民族などの点で主流集団に属す者たちだ。その一方で、周縁化される少数者は、女性・障がい者・経済的弱者・先住民族・在日コリアン・ニューカマーである外国籍の住民・性的少数者などである。

　社会的公正を掲げる理想の社会を実現するためには、個人や集団間の平等な権力関係を築いていく努力をしなければならない。そのためには、多数者も少数者も同様に、そもそも不平等な権力関係から生じる差別構造や差別意

識が存在することを認識し問題視しなければならない。差別と言っても様々なタイプがある。日本では、性差別・学歴差別・障がい者差別などがあるが、その中で、近年社会問題になっているヘイトスピーチは人種・民族などが標的とされる場合が多い。また、2020年に米国で大きなうねりとなったBlack Lives Matter（黒人の命は大切）運動は、構造的な黒人差別の実態を明らかにしている。

　そこで、本章は、レイシズム（人種差別）を取り上げ、多数者が差別問題を認識するためにはどのような概念や立ち位置の理解が必要なのか、何がレイシズム撲滅の障害になっているのか、特になぜ多数派はレイシズムを問題視することができないのか、そして、レイシズムに対抗するにはどうしたらよいのか考えてみたい。まず、レイシズムの概念について解説した後、具体例として筆者が体験したエピソードを交えながら、多数者が取り組むべき反レイシズムについて、権力関係の中の立ち位置や政治・経済・歴史などとの関連から考えてみる。

2. レイシズムを理解する

2.1　人種と民族

　レイシズム（人種差別）を理解するには、まず、人種とは何かを考える必要がある。以下、久保田（2015a）をもとにまとめてみる。人種というと、通常、肌や目の色・顔立ち・髪の毛の特徴など身体的特徴に基づく分類が想起される。しかし、近年のヒトゲノム計画の研究によると、ヒトの遺伝子は99.9%共通しており、遺伝子学的には人種の違いがない。したがって、人種的差異は生物学的には立証されない。ただし、外見の人種的差異は明らかで、それがステレオタイプにつながり、言説として確実に人々の意識や社会構造の中に根づいている。

　例えば、アジア人は数学に優れていると言われる。実際、OECDの行った2018年の学力調査国際比較によると、全参加国・地域（79か国・地域）の上位7位は全て東アジアの国・地域が占めていた[1]。しかしこれはアジア人

種が遺伝学的上、数学に秀でていることを示すわけではない。では一体何が影響しているのだろうか。教育への社会的経済的投資や期待、またそのような教育的土壌が長年培われてきたことなどが考えられる。つまり、アジア人生徒の数学的リテラシーの高さは、遺伝子学的な脳の働きの違いからは説明できない。人種的差異に見えるものは社会的・経済的・歴史的に形作られていると考えられる。

　次に考えなければならないのは、日本のレイシズムに見られる人種（レイス）とは何を指すのかという問題である。結論から言うと、レイシズムの対象となるのは、身体的特徴を示唆する人種という枠組みを超えて、異なる言語や文化を持つ民族も含まれると考えられる。

　近年のヘイトスピーチに代表される排外主義の多くは在日コリアンに矛先が向けられている。ヘイトスピーチが顕在化したのは、2000年代後半からオフライン化したネット右翼が街頭に繰り出し、憎悪的な差別発言を行うようになったことにある（岡本, 2013）。特に2010年前後からは在特会（在日特権を許さない市民の会）が中心となり、東京新大久保や大阪鶴橋で街宣活動を繰り返すようになった。2009年に起きた京都朝鮮学校襲撃事件では、在特会が中心となって、京都朝鮮第一初級学校の校門前で誹謗中傷の街宣活動を行った。さらに差別攻撃の矛先は在日コリアンだけでなく、朝鮮半島や中国に住む人々にも向けられ、嫌韓嫌中思想がネット環境を中心にはびこることとなった。

　無論、朝鮮半島や中国出身の人々も、身体的特徴では多数派日本人と同じである。多数派日本人が海外を訪れると、中国人と見られることが多々ある。東アジア系諸民族は見た目では区別できないのだ。したがって、日本における在日コリアンに対する差別は、人種差別というより民族差別である。民族とは、言語・宗教・生活様式などで区別できる社会文化的集団であり、歴史的・政治的に形成されたカテゴリーである。

　しかし、人種的集団間あるいは民族的集団間に明確な境界線があるわけで

1　https://www.nier.go.jp/kokusai/pisa/pdf/2018/01_point.pdf

はない。混血も存在する上、移民が国境をまたぐことによって雑種的なアイデンティティを構築することからも、人種あるいは民族を純粋なアイデンティティで括って理解しようとするのは現実に即さない。しかし、イデオロギー的に見ると、純粋主義を堅持しようとする本質主義が、ハイブリッドで多様なものを排除し、集団間の差異を固定化していると考えることができる。

　つまり、人種も民族も人間集団を区別するために社会的に構築されたカテゴリーであるが、人種は、外見の身体的特徴に基づいているのに対して、民族は社会文化的特徴に基づいている。両者とも人間の差異に注目して集団間の線引きをする概念であるため、人種と民族は混同して理解されることが多い。ゆえにレイシズムと言った場合、民族差別も含むと考えられる。そこで「レイシズム」は「人種、言語、文化、宗教、社会的位置によって生じる差異に否定的な位置付けを行うこと」と定義づけることができる（小林, 2013, p. 10）。

　ここで強調しておきたいのは、レイシズムを支える権力関係である。レイシズムは集団間の差異に優劣をつけ、自己を優れたもの、他者を劣ったものと位置づける。この権力関係は、強者が少数者を擁護して反レイシズムを推し進める場合でも維持される可能性があり、厄介な問題である。この点については後に議論することにする。

2.2　レイシズムの3つのタイプ

　レイシズムと聞くと、集団や個人を誹謗中傷したりすることを想起し、上述の排外的団体の街宣活動で見られるようなことばの暴力を思い浮かべる。しかし、レイシズムには社会の制度に組み込まれた制度的・組織的レイシズム、さらに意識の中に存在する認識的レイシズムも存在する。これらの異なったタイプのレイシズムは相互作用しながら差別構造を強化している。

　1つ目のタイプは個人間のレイシズムである。日常のやりとりの中で個人あるいは集団に対して、対面でまたはオンラインの投稿などを介して相手を貶める行為を指す。このような行為は、人種的マイクロアグレッションとも呼ばれ、「意図的あるいは無意識にさりげなく伝える軽蔑的ことばや行為で、個人あるいは集団に与える攻撃的、蔑視的、否定的な侮辱」と定義される（Sue et al., 2007）。マイクロアグレッションにさらされる少数者は心理的なダメージを受ける一方で、常習化すると慣れが生じて感覚が麻痺するようになり、不当な扱いに抵抗することなく甘んじてしまう。すると多数者からはその問題が見えにくくなってしまう。この問題は次の2つのタイプにも当てはまる。

　2番目のタイプは制度的・組織的レイシズムだ。例えば、日本では、朝鮮学校・学園が高等学校ならびに幼稚園の授業料無償化制度から外され、教育の機会均等を享受できずにいる。また、アイヌ民族は明治政府の北海道開拓によって、土地、言語、文化、狩猟権や漁業権を奪われてきた。同様に日本に併合された琉球民族は、太平洋戦争中に本土では唯一の陸上戦となった沖縄戦で多くが犠牲となり、さらに本土復帰後は在日米軍基地が一極集中する中で差別にさらされている。

　3つ目は、意識や知識の中のレイシズムだ。例えば、日本の保守派が擁護する歴史認識に見られる。日本の帝国主義・侵略主義・植民地主義が引き起こした南京大虐殺や従軍慰安婦の問題について、その存在さえも否定する歴史修正主義勢力は歴史教科書の記述に悪影響を与え、教師や生徒たちの歴史認識に影響を与えている（久保田, 2015b 参照）。戦争の加害者であった日本・日本人と、被害者であったアジアの国々・アジア人との間の不平等な権力関係が曖昧にされることによって、「日本や日本人は悪くない、優れている」という意識が植えつけられる。その裏返しは、アジアの国々や人々への蔑視となっている。

2.3　人種の序列関係

　ここまで、多数派日本人と少数者の権力関係を論じてきたが、もう一つ考慮すべき点は、多数派日本人と白人との関係性だ。明治時代の文明開化により、欧米の主要言語である英語・フランス語・ドイツ語の学習がそれまでの蘭学に代わって盛んになった。中等教育においては、今日にもつながる英語学習の広まりが明治初期からすでに始まっていた（江利川, 2018）。これらのヨーロッパ言語の多数派話者は白人である。当時の脱亜入欧のスローガンが示すように、白人の欧米文化や言語を学びヨーロッパ列強の一員となること

が国をあげての目標となった。

　ここで明らかなのは、人種の序列が権力関係と深くつながっていることである。つまり、日本人にとって最上位にいるのはヨーロッパ列強の白人集団であり、最下位にいるのは日本人以外のアジア人集団、そして「日本人」はその中間にいる。したがって、レイシズムは最上位の白人に矛先が向くことはない。白人集団は優れた文化や言語を持つものとして捉えられ、逆に崇拝の対象となる。この構図から外れているのは黒人やその他の民族だ。黒人ディアスポラは奴隷制度の名残から欧米の国々にも存在している。しかし、日本人が白人を崇拝するということは、白人の世界観に倣うということにつながり、白人の黒人蔑視も受け継いでしまうことになる。多数派日本人にとって、黒人は人種の序列では最下位に置かれていると言えるだろう。

2.4　交差性
（インターセクショナリティ）

　これまで人種の概念とレイシズムを考察してきたが、人間間や集団間の支配・従属関係をさらに広く考えてみると、人種や民族のみが関与しているわけではないことは明らかである。個人あるいは集団の体験は、あらゆる属性が相互作用し複雑に絡み合って成り立っている。アフリカ系アメリカ人女性の法律家であるKimberlé Crenshaw（1989）は、これを交差性（インターセクショナリティ）と呼び、アフリカ系アメリカ人女性が体験する差別は、単に「黒人」や「女性」という大きなくくりでのみ説明することはできないとした。例えば、黒人男性と黒人女性は同じ人種であっても雇用など様々な社会面で待遇が異なる。さらに白人女性と黒人女性は同じジェンダーであっても受ける待遇や体験は異なる。他にも社会階層や性的指向などを組み合わせると社会的地位や体験は単純に人種だけでは説明できない。つまり、アフリカ系アメリカ人女性の体験は、あらゆる属性が複雑に絡み合った産物だと言えよう。

　このような交差性は黒人女性にのみ当てはまるわけではないという議論も成り立つ。実際、Carbado（2013）は、交差性を白人男性の異性愛者にも適用することを提案しており、交差性理論の対象はアフリカ系アメリカ人女性から遊離して他のコンテクストでも議論されている。しかし、その問題点

も指摘されている。それは、本来最も抑圧されていると考えられる黒人女性に光を当てるはずの理論が、他の特権を持つ集団に流用されてしまっていることである。ただし、これに対してアフリカ系アメリカ人女性の学者であるJennifer Nashは、さらに批判を加えている。つまり、概念や理論に所有権はないはずであり、アフリカ系アメリカ人女性を交差性理論の所有者とみなすことは、この集団を本質主義的に一枚岩として括ってしまうことにもつながるという指摘である（Nash, 2008）。

　この議論で注意しておきたいことは、少数派の体験を説明するために提唱された理論を多数派が占有することによってもたらされる功罪である。そもそも多数派の研究者がそのような理論を借用しようとする背景には、少数派の体験や視点に対して興味を抱いているという前提がある。少数派の理論を無視するのではなく注目するのは肯定的な行為だと言えるかもしれない。しかし、それによってだれが恩恵を受けるのかは考慮を要する問題である。

3. 多数派と反レイシズム

　インターネット上や街頭でのヘイト表現が後を絶たない。また、日本政府も、植民地支配と侵略戦争の結果生み出された韓国の徴用工問題や従軍慰安婦問題は解決済みとし、犠牲者への謝罪や尊厳回復に向き合おうとしない。このような歴史認識はヘイトに油を注いでいる。過去に日本が支配した植民地の人々を貶め自己を正当化する態度は残念でならない。多数者はなぜ他者の痛みを思いやることができないのだろうか。

　人種の序列の中で多数派日本人は中間の位置にいることを論じた。もちろん状況や個人や集団の属性によって優劣関係は異なり、断定することはできないが、一般的に多数派日本人は白人を優れているとみなす一方で、アジア人・黒人・先住民族などは劣っているとして見下す傾向がある。前述したように、白人をあがめるのは明治時代以降の西欧に目を向けた外国語教育につながる。英語教育の学術研究でも白人羨望の傾向は指摘されている（久保田, 2015a, 2015b; Rivers & Ross, 2013; Takahashi, 2013）。多数派日本人はなぜこの不平

等な権力関係を意識の中で克服できないのだろうか。筆者の体験を振り返り
ながら考えてみたい。

3.1　「ネイティブ英語スピーカー＝白人」を打ち崩す

＊　　＊　　＊

　私は日本の地方で多数派日本人として育ち、公立小中高を経て東京の
大学の英米文学科に入学し、英語学を専攻した。当時、学校で外国人教
師から英語を学ぶ機会は皆無で、「ネイティブスピーカー」から英語を
初めて学んだのは大学に入ってからだった。1980年に卒業した後、通
算5年ほど公立学校で英語の教師をつとめた。その頃は英語教室に通っ
たり英語教師のための集中夏季講座を受講したりする機会もあった。講
師は全て白人だった。それもあったのだろう、英語は白人のネイティブ
スピーカーが話すものだと思い込んでいた上、白人のネイティブスピー
カーを目指して英語力を高めることが目標だった。

　そんな意識が変わったのは、アメリカのワシントン州に9ヶ月ほど滞
在した時だった。スクールインターンという肩書で渡米したのだが、日
系アメリカ人やアジア系の留学生と知り合う機会を得て、初めて多様
な人種の人々と英語で交わることになった。その後、勉学や教員体験を
通して、言語や言語話者の多様性を認識するようになったのだが、そこ
まで至るのに多くの年月を要した。黒人の英語教師と初めて出会った
のは、1980年代半ばにJALT（The Japan Association for Language
Teaching）の横浜支部で活動をしていた時だったと記憶している。

＊　　＊　　＊

　この体験では、白人以外の英語話者と交わることによって「英語話者イコー
ル白人」という誤信から目覚めることができた。現在では学校で英語を教え
ているALT（外国語指導助手）の中に白人以外の者もいるはずである。学
校以外でも白人以外の英語話者と接する機会は高まっているだろう。しかし、
いまだにそのような機会に遭遇しない学習者も多いかもしれない。また、中
学校英語検定教科書の6種類を見ると、ALTのキャラクターとして描かれ

ているのは、一社（*Sunshine*）を除き全てが白人女性である。いまだに「英語話者イコール白人」のイメージが色濃く残っている（久保田, 2021）。このイメージを打ち砕くためには教育政策や教育実践を改革していく必要がある。

3.2　差別に気づき抗うことの難しさ

＊　　　＊　　　＊

　多数派日本人として、差別された経験はほとんどなかったのだが、ひとつ鮮明に残っている記憶は、ジェンダー差別だった。大学の卒業論文を提出した時のことだった。男性指導教官から「君が男子だったら大学院を勧めるんだが、女子だから田舎に戻って教員になるのがいいんじゃないかな」とアドバイスされた。その時はすでに教員採用が決まっていたので、結果的には助言を受け入れる形になった。実は指導教官もこのことを覚えていたらしく、それから30年以上たったある日、講演会に出向いてくれて「あの時君にあんなことを言ったけれども」と切り出した時はびっくりした。女性なら研究者より教師の方が向いている、というのは明らかにジェンダー差別なのだが、公然と抗議できなかった。無意識に差別は当然であると感じていたのだと思う。

　北米に渡り英語教育の修士課程を終え、日本語を教え始め、そして、トロント大学の博士課程を修了するまで、人種的に差別されていると思ったことはなかった。留学生は、大学にとっては授業料を払う顧客でもあることから、あからさまな差別は受けないのかもしれない。ところがその後、米国南部の米国の大学で教員のポストを得てから、現実を思い知らされることとなった。日本語を教える際は、ネイティブスピーカー教師として信頼を得ることができたが、教育学部の外国語教員養成講座では、まず英語が母語ではないことに加えて、学生が教えるスペイン語やフランス語の話者でないことなどから、多くの白人学生から冷遇を受けた（Kubota, 2002）。その他にも、当時はアジア系教員が少なかったこともあり、人種的に他者と見られた。それと同時に、アフリカ系アメリカ人の同僚や友人を持つ中で、黒人差別を目の当たりにした。例え

203

ばある日、黒人女性の同僚と一緒に、大学通りに面した細長く狭い店舗のレストランへ昼食に行った時のことだった。もう1時過ぎで空席ばかりだったのに、一番奥の化粧室に近いテーブルに通されたのだ。彼女は「こんな時代にまだこんな扱いなのね」とため息をついた。

　アジア人教員として受けた被差別体験を列挙するスペースはないが、学生から教員へと境遇が異なっただけで、体験がこれほどまで異なるのは振り返って見れば驚きだった。

＊　　＊　　＊

北米でアジア人女性であること、特に英語の非母語話者であることは、周縁的立場に置かれやすい。ただ、学生の立場と教員の立場とでは、待遇の点でかなり違うようだ。さらに、同じ日本出身の教員であっても境遇によっては差別を受けない、あるいは差別を感じないかもしれない。多数派日本人は、旅行・留学・出張などで北米に短期間しか滞在しない場合が多い。そのような体験だけでは、人種差別を体験することは多分ないだろう。自分が直接的に差別されることも、他人の人種差別に遭遇することもない。それがかえって、日本に浸透している「英語＝白人」の構図や白人文化崇拝の念を強めることになってしまうかもしれない。

　ただし、被差別体験があれば必ず白人支配に気づきそれに抵抗するかというと、そうとも限らない。それは権力関係の中で、被支配者が支配されることは当然として疑義を唱えることなく支配権力に迎合してしまうからである。多数派日本人の英語学習者が無意識に白人の優位性ひいては構造的な白人支配を受け入れていることにも表れている。これは 象徴的暴力（symbolic violence）(Bourdieu & Wacquant, 1992) あるいはヘゲモニー（hegemony）(Gramsci, 1971) と呼ばれている。Kendi (2019) は、黒人をはじめ有色人種が全て白人支配に対抗する反レイシストであるとは限らない例として、16世紀からのアフリカ黒人奴隷貿易について書かれた資料のいくつかを紹介している。それによると、奴隷の身分を甘受する黒人奴隷が仲間の反乱を白人所有者に密告し褒賞を得ることもあった。時計を進めて2020年のアメリカ大統領選挙の出口調査を見ると、トランプ大統領候補の支持者の中には有色人種も含ま

れ、例えば黒人男性の19%、ヒスパニック系男性の36%はトランプに投票したという（Nagesh, 2020）。このような有権者たちは、トランプ大統領の人種差別的な側面を認識しているものの、既存体制に逆らう強さを高く評価していた。

　日本ではどうだろうか。例えば、在日コリアンであるからと言って、全員が被差別意識を持ち差別撤廃を要求しているとは限らない。日本に同化している在日コリアンにとって、民族主義を前面に押し出すことは、日本に同化した自己のアイデンティティの一部を否定することにもつながる上、民族主義を掲げた権利回復運動を推進することは、多数派日本人社会からの反発をますます買うことになってしまう（宋, 2012）。在日コリアンに対する差別は、2006年の教育基本法改正によって日本の教育が国家主義に舵を切ってからさらに強くなってきたと考えられる。その上、2007年に在特会が結成され、在日コリアンへの組織的なヘイトスピーチが公然と行われるようになる。そのような状況下で少数者として抗うより同化した者として沈黙する方が安全であるという心情には納得がいく。

　さらに、ジャーナリストの安田浩一は、在特会のメンバーを取材する中で、積極的には活動していないもののメンバーとして参加している在日コリアンの存在に言及している（安田, 2015）。その中のひとり、映画監督である朴信浩への取材が興味深い。朴は韓国を訪れると、同胞なのに日本人であるとして馬鹿にされ、日本芸能界の「在日ネットワーク」からは相手にしてもらえず、同胞社会に対する嫌悪感が募っていた。取材に応じた他の日本人会員のように、在特会が自分を認めてくれたことに感謝していると語っている。逆に在特会からしてみると、朴の存在は、在特会がレイシストでない証となるのだ。つまり、声を上げない在日コリアンばかりでなく、朴のようなヘイト活動に加担する在日コリアンの存在がレイシズムを追認してしまっている。

　多数派が差別の存在を認識できないのは、レイシズムのみならず、セクシズム（性差別）やレイプも同様である。筆者が大学の指導教官から差別的助言を受けた時、毅然と反論しなかった。このようなセクシズムは日常茶飯事であるが、声を上げる女性は少ない。それが男性に差別は当然と思わせてし

まう。そればかりか、セクシズムを先導する女性も少なくない。右派の女性たちだ。例えば、差別発言を繰り返す自民党議員の杉田水脈は2020年に性暴力被害者への支援をめぐり、女性被害者は虚偽申告をするという意味で「女性はいくらでもうそをつけますから」と発言をして大きな問題になった。杉田議員はそれ以前にも、女性差別の存在を否定し、女性差別撤廃条約や男女平等参画社会基本法の撤廃を訴えた（竹下, 2018）。自民党本部が杉田議員を厳しく処分しないのは、このような発言が右派の擁護する男権主義にとって都合がよいからであろう。このような少数者は権力者に取り入って迎合することで自分の立場を確保するのである。

　少数派が必ずしも多数支配者に抵抗せず、逆に共犯関係になってしまっている例は言語教育分野でも見られる。Kumaravadivelu（2016）は、過去約15年間培われてきた英語ノンネイティブスピーカー教師の地位向上運動を振り返り、その効果に疑問を投げかけている。つまり、この運動はネイティブスピーカー教師の優位性に疑義を呈した反面、学術研究においては、ネイティブスピーカーの打ち立てた理論的枠組みに迎合してしまっていると言うのだ。さらに、競争原理に基づき結果の自己責任を求める新自由主義において、少数派の研究者や教育者は成果を上げるためには、白人欧米多数派が打ち立てた主流の理論や方法論を採用せざるを得ない。それによって、さらに自らを従属的地位に追いやってしまう。

　これは知識の中のレイシズム（あるいやセクシズム）の例であると言える（Kubota, 2020）。知識の中のレイシズムの卑近な例は他にもある。大学の授業課題のための文献を選ぶ際、西欧白人男性の学者が出版したものを選ぶのか、それとも有色人種女性の書いたものを選ぶのか、また、学生や研究者がレポート・論文を書く際、だれを引用するのか、という問題である。Sister Scholars（2021）の論文は、フェミニスト反レイシズムの精神に立脚して、有色人種の女性とその支持者である研究者のみを意図的に引用している。

　まとめると、少数派は、支配・抑圧される側にあっても抑圧や差別の実態に気づかないか、あるいは気づいていたとしても避けて見ぬふりをする場合が多い。告発や抵抗がなければ、多数派の側からは差別の実態が見えにく

くなる。それが差別の永続性につながってしまう。また、「英語話者＝白人」のような当然とされる思い込みは、筆者の最初のアメリカ滞在経験が示すように、それを覆すような実体験がないと容易に揺るがすことができない。

　このように、多数派日本人が人種ヒエラルキーの中間地を占める中で、劣勢の集団（白人との対比では多数派日本人、多数派日本人との対比では在日コリアンや先住民族をはじめとした少数者）はその虐げられた立場を認識せずに既存の権力関係を受け入れてしまいがちである。それが差別構造を不可視化している。ここでは、多数派と少数派との権力関係を二項対立的に捉えているが、実は多数派の中にも多様性があり、権力を持つ者として一括りにできない。次にこの点について考えてみる。

3.3　多数者の持つ弱者的立ち位置

＊　　＊　　＊

　アメリカの大学で14年近く教えた後、2009年にカナダの西海岸にあるバンクーバーに移り現在の大学で教え始めた。アメリカの西海岸の都市と同様、バンクーバーはアジア系住民が多い都市だ。近年は中国大陸からの移民や投資家が増え、不動産の値段を吊り上げているという批判も頻繁に聞かれるようになった。

　カナダでは多文化主義が法制化されており、醜悪な黒人差別が根強いアメリカと異なり、寛容で理解に富み心優しい国民性というイメージがメディアや日常の人々の語りの中に浸透している。また、奴隷制度もあったものの、アメリカのような広範囲にわたる過酷なものではなかったため、人種差別がない社会だとよく言われる。しかし、先住民族の土地・伝統的慣習・狩猟漁業権などの収奪や同化政策による抑圧は永続しており、先住民族差別問題は深刻になっている。それと同時に、白人以外の入植者への人種差別も際立っており、歴史的にも中国系移民に対する人頭税、英領インド帝国からの移民上陸拒否事件、太平洋戦争期の日系カナダ人強制収容などがそれを象徴している。2020年の新型コロナウイルス感染が広がる中で、アジア系の住民に対する誹謗中傷や暴力も表面化した。

　以下紹介するエピソードは、2012年4月にバンクーバーのコンベンションセンターで行われた全米教育研究学会（American Educational Research Association）の大会での出来事である（Kubota, 2015）。

　大会2日目の夕方、すでに人気のない会場を出てバス停へ向かおうとした時だった。バンクーバー港に映る夕暮れの景色に見とれて、思わずカメラを取り出し写真を撮ろうとした。その時「中国人観光客だ！」という声が聞こえた。振り向くと、2人の若い白人男性がいた。言語教育と人種差別の問題について考えていた矢先だったこともあり、不快さのあまり「何をしているんですか？」と尋ねた。2人は明らかに酒気を帯びていた。泥酔しているようすの男性が、「こっちで生まれたのか？カナダ人？」と聞き返した。中国人観光客と思ったのに英語が返ってきたので面食らったのだろう。酔いがそれほどでもない方の男性が「もしカナダ人だったのなら、こいつの代わりに謝ります」と言った。それから数分間、この男性と会話を交わした。そこでわかったことは、彼は学校の清掃員で、恵まれた職にはついていない。多分それもあって、有色人種の移民に対する敵がい心を吐き出した。新しい求人があっても、アジア人や障がい者が仕事をさらっていってしまう、人口の3分の1が経済を支配する一方でその他は借金を抱えている、などと。「こっちで生まれたんですか？　カナダ人？　お名前は？」と何度も聞かれたが、答える必要はないと思い答えなかった。明らかに、カナダ国籍の中国人とそうでない中国人とは区別しているようだった。結局、泥酔していた友人が大声を出し始めたので、別れの挨拶をして私はその場を去った。

＊　　＊　　＊

通りがかりのアジア人に向かって大声で中国人観光客呼ばわりするのは、たとえ酔っていたとしてもカナダ人らしくない。しかし、国籍を執拗に尋ねたことの裏には、外国人嫌悪の感情が隠れていたようだ。ただ、会話した相手の男性は、白人としての特権は持ち合わせているものの、職業的には恵まれてはいない。

　カナダの多数派は白人だ。しかし、白人なら誰しも社会経済的に恵まれて

いるとは限らない。交差性の観点から見ても、人種的優位性だけでは人々の体験を説明することはできない。筆者も含めて経済的に恵まれているアジア系移民と労働者階級の白人と比べると、どちらの方が権力を持っているのかという問いには単純に答えられないだろう。

　日本でも状況は同じだ。多数派日本人の中にも社会経済的に恵まれている者もいれば、貧困に喘ぐ者もあり、他にも様々な理由で社会的に恵まれていない人々も多い。筆者が遭遇した白人男性のように、外国人労働者に機会や特権を奪われたと感じているとしても不思議ではない。前述した安田（2015）の在特会に関する取材報告が参考になる。新自由主義の雇用体系のもとで増加した非正規労働者は、高度経済成長期には万人に保証されているかのように見えた社会的地位には手が届かなくなり、それゆえの不安や不満が在日コリアンや外国人労働者に向けられているのではないか、そして、在特会がそのような不満を吸い上げ、所属意識や擬似家族意識を育んでいるのではないかと言うのである。

　したがって、一部の多数派集団が旗を振る排外主義・外国人嫌悪・人種差別は、雇用ひいては経済の不均衡から生じている可能性が高い。これを是正するには、雇用・賃金・税制などの改革によって、全ての市民にとってより平等な社会を構築することが不可欠となるだろう。つまり、差別意識をなくすためには意識改革のみでは不十分であり、庶民の実生活を左右する政治経済的な社会変革が必要となる。

　ただし、在日コリアンなどに対する街頭でのヘイトスピーチと筆者が遭遇したカナダでの出来事とでは、その性質や背景が異なる。虐げられていると感じる一部の多数派集団が起こす差別行動は暴走するかもしれないし、あるいは何らかの力で抑制されるかもしれない。この点については後に見ていきたい。

3.4　先住民族に対して持つ特権

　筆者のエピソードの中では、酒に酔った白人男性がマイノリティーに対する不満を露呈させたわけだが、この体験は大学教授である筆者自身が持つ社会経済的特権を思い知らされた。それと同時に、筆者を含めて有色人種であ

る入植者は、カナダの先住民族に対してもこの特権を持ち合わせているのだ。

＊　　＊　　＊

　アメリカの大学に勤務していた頃に比べて、バンクーバーの大学では日本人の研究者と交わる機会が増えた。知り合いになったビジネススクール所属の年配の男性教員は、定期的に、和食や中華レストランでの会食に招待してくれる。毎回招待されるのは、主に退職した日本人男性教員数名で、時々日本からの若手の客員研究員なども招かれる。ある時、カナダ先住民族の話題が会話に上った。ひとりのリタイアした年配の男性が「あんな原始的なトーテムポールなんか、芸術品なの？博物館に飾ってあるなんてどうしようもないな」と言った。この学者と同席したのは2回目ぐらいだったし、ランチの席上、雰囲気的に反論できなかった。しかし、元大学教員とあろうものが、あからさまに先住民族の文化を侮辱するのを目の当たりにして、耐えがたい思いだった。

＊　　＊　　＊

　カナダの先住民族は、植民地主義支配に抑圧されながらも、固有の土地に日系人も含めた移民たちを受け入れてくれてきた。それなのに、この年配の学者は先住民族を公然と見下していたのだ。過去にインドなどが体験した搾取型植民地主義と異なり、カナダなどの入植型植民地主義のもとでは、複数の入植者集団が、人種は異なっていたとしても、全て等しく先住民族の支配者として位置づけられる。したがって、日系移民は、たとえ白人より劣った地位にあっても、先住民族にとっては入植者であり、先住民族の土地や資源を利用して繁栄してきた支配者なのである（Kosaka, 2008）。

　日本ではどうだろうか。北海道や沖縄の先住民族は著しく差別されてきた。北海道では2020年にアイヌ文化発信拠点としてウポポイ（民族共生象徴空間）が開館したのだが、主な目当ては東京五輪に合わせたインバウンド観光客招致で、支配者にとって都合の悪い抑圧の歴史は覆い隠されているという指摘がある（安田, 2020）。沖縄では安全保障の口実で軍事基地が一方的に押しつけられ続けている。先住民族に対する差別はレイシズムや人権問題として教育・メディア・政治の中で明示的に検証されなければならない。

3.5　差別の抑制ブレーキの欠如

　カナダの場合、多文化主義が国是となっていることに言及した。カナダのみならず、多くの国では法律や政策に反レイシズム精神が盛り込まれており、社会規範となっている。だからと言って人種差別がないわけでは無論ないが、差別することはモラルの上で恥ずべきこととされている。それに対して、日本では、反レイシズムの社会規範が存在せず、人種差別を抑制する社会的ブレーキが効かない。したがって、差別が野放し状態になってしまっていると梁（2020）は指摘する。

　反レイシズムの国際基準となるのが、1965年に国連で採択された人種差別撤廃条約だ。2020年10月現在、国連加盟国193カ国中、182カ国が締約し88カ国が署名を経て批准している[2]。日本は、1994年にアメリカが批准したのち、1995年にやっと「加入」（署名せず加盟のみ）したが、これは141カ国目だった（師岡, 2013）。いまだに批准はしていない。ちなみに、批准国にはカナダ（1966年）、韓国（1978年）、その他多くのアフリカ、ヨーロッパ、南アメリカ諸国がある。人種差別に対する日本政府の消極さは、条約採択から加入まで30年もかかったこと、そしてその後も年次報告書提出の遅滞、委員会勧告に対する反論・無視にも表れている（師岡, 2013）。例えば、朝鮮学校が高等学校等就学支援金の対象外とされていることに対して委員会は再度懸念を表しているが、政府は無視し続け、勧告には従う必要がないとしている。

　さらに日本の人種差別や人権問題への消極さを表すのは移民統合政策指数である。これは、2000年代以降ヨーロッパを中心に行われてきた移民政策国際比較のデータで、観点には労働市場・家族結合・教育・政治参加・差別禁止などが含まれる。最新の調査は2015年に行われ、韓国や日本も加わった。それによると、調査に参加した38カ国中、日本は27位で（梁, 2020）、差別禁止の観点のみを見ると、日本は最下位から2番目である。

　このように日本において法や政策の面では、レイシズムを抑制するメカニ

2　https://www.mofa.go.jp/mofaj/gaiko/jinshu/table.html

ズムに乏しい。2016年に「ヘイトスピーチ解消法」が成立したが、罰則規定がなく、インターネット上の差別表現などは放置されている。梁（2020）は、欧米などと比べて日本は反レイシズムのブレーキが法・政策・社会規範として成立しておらず、そのため被害者は、何が差別なのか自ら証言することを強いられている。それゆえに被害者は、余程の勇気がない限り声を上げることなく沈黙状態に追い込まれてしまう。被害者の沈黙は、加害者の差別認識をますます困難にするのだ。

　さらに、差別抑制ブレーキの欠如は、加害者の枠を個人から国家へ容易に拡大してしまう。梁（2020）は1960年代以降の在日コリアンへの差別に注目して、その変遷を解説している。まず、1960年代から1970年代にかけては、国士舘大学学生らの極右組織による朝鮮高校襲撃事件に見られるように、一部の過激な組織が起こしたヘイト事件が際立っていた。次に、1980年代後半から2000年代の前半にかけて、チマチョゴリ切り裂き事件に見られる右翼的思想を持たない「普通の人」が自然発生的に起こした事件が多発した。背景には日朝関係悪化やそれに伴うマスコミのバッシングがあった。

　2000年代後半になると、在特会といった新たな草の根的な極右組織が台頭し、インターネットを通じて「普通の人」が組織化していった。さらに、極右組織は政治性を帯び、2016年には日本第一党という極右政党が結成される。その他にもNHKから国民を守る会や日本国民党が差別を扇動するようになった。そして差別の制御がないため、極右政党でなくても、自民党や保守派の政治集団あるいは政治家の差別発言が容認されてしまっている。従軍慰安婦や南京大虐殺の否定論がその例である。ドイツで政権与党が「ホロコーストがなかった」と主張するなど到底考えられないが、日本では類似したことが可能なのである。

　これらの問題をどのように解決したらよいのだろうか。梁（2020, p. 270）は「社会規範として反レイシズムが常識となるレベルまで、日本市民に差別に反対することが根付かなければならない」としている。そのためには、レイシズムを直接止めさせる、記録・通報する、そして責任者に対処を任せることを通して、差別へ介入することが必要である。さらに労働者を搾取し、分

断し、結果としての格差を自由と平等とに履き違える資本主義に立ち向かうこと、そして結果の平等を確約する法律や政策を打ち立てるような政治を築き上げることが不可欠である（梁，2020）。さらに、大日本帝国の侵略と植民地支配の歴史、アイヌ民族や琉球民族に対する略奪と同化政策など、歴史の汚点に光を当てて認識を深めることが差別意識を問い直すことにつながるだろう。その点で教育の役割は大きい。

3.6　多数派が支持する反レイシズムに潜む罠

　このように反レイシズム精神が社会規範として定着していない日本では、できるだけ多くの多数派日本人が意識を高め、社会的なブレーキ機能を作り上げる必要がある。ただ、中にはすでに意識に目覚めた人もいるかもしれない。反差別の社会規範のある他の国々でも、多数派の人々が多文化主義あるいは反レイシズムの擁護者として活動している。Black Lives Matter運動もその例だろう。

　ただし、多数派に属す者が虐げられた少数者を支援する際、考慮しなければならない点がある。それは、少数者を支えることによって高まってしまう多数者の権力である。アメリカの黒人フェミニスト研究者であるPatricia Hill Collins（1998）は、チュニジア出身の知識人であるAlbert Memmi（2003）を引用して警鐘を鳴らしている。植民地主義下の支配階級である植民者の中には、植民地主義支配に抵抗しそれを覆すことによって、被植民者を支援しようとする者もいる。しかしそうすることは、植民地主義構造の中で特権を享受している自身の立場を否定することにつながる。したがってその抵抗は、ことばと行動がちぐはぐにならざるを得ず、結局は失敗に終わるという。Collinsは支配構造に抵抗しようとする支配者集団に属す者は、抵抗することによって（弱者を救おうとすることによって）、逆に自身が持つ特権を強めてしまうと警告している（Kubota & Miller, 2017参照）。これは、有色人種を救おうとする白人、あるいは女性の権利を向上させようとする男性などの例に当てはまる。

　また、前述した交差性の学術研究の議論で見たように、多数派が少数者の

体験に関する理論に興味を持ち、その有効性を認識するまではよいが、その理論を多数派の体験に当てはめようとして占有すると、権力関係の齟齬が生じてしまう。

　日本においても、多数派日本人が虐げられ周縁化された者たちをサポートしようとする際、陥ってはならない落とし穴であると言える。

4. おわりに

　本章では、人種・民族・レイシズムの定義と諸相を紹介し、多数派日本人が反レイシズムに取り組むことの難しさについて考察した。全般的に、日本は人種差別撤廃の動きから遅れをとっていると言わざるを得ない。しかし、反レイシズムの根底にある人権擁護運動は様々な形で存在している。法務省にも人権擁護局があり、人権侵害に関する救済や人権啓発活動の手続き業務を行っている。また、草の根的に様々な団体が多様な形で人権擁護や差別撤廃運動を推し進めている。その枠は人種差別にとどまらず、様々な差別撲滅運動に及んでいる。今後の課題として、レイシズムや反レイシズム、ひいては差別一般に関する関心・知識・意識を高めるためにはどうしたらいいのか、教育者・研究者・一般市民として模索していく必要がある。また、目覚めた私たちが、その特権を濫用することなく常に内省的に平等・公正な社会構築を目指すにはどうしたらいいのか、コミュニティーの中で、ネット環境の中で、政治参加の中で考え続けていかなければならない。

参考文献

江利川春雄（2018）『日本の外国語教育政策史』東京：ひつじ書房

岡本雅享（2013）「日本におけるヘイトスピーチ拡大の源流とコリアノフォビア」駒井洋・小林真生編『移民・ディアスポラ研究3：レイシズムと外国人嫌悪』（pp. 50-75）東京：明石書店

久保田竜子（2015a）『英語教育と文化・人種・ジェンダー』東京：くろしお出版

久保田竜子（2015b）『グローバル化社会と言語教育：クリティカルな視点から』東京：くろしお出版

久保田竜子（2021）「クリティカルな言語教育研究：『3価アプローチ』を目指して」『英語教育の歴史に学び、現状を問い、未来を拓く：江利川春雄教授退職記念論集』（pp. 129-145）広島：渓水社

小林真生（2013）「レイシズムと外国人嫌悪」駒井洋・小林真生編『移民・ディアスポラ研究3：レイシズムと外国人嫌悪』（pp. 9-25）東京：明石書店

宋基燦（2012）『「語られないもの」としての朝鮮学校：在日民族教育とアイデンティティ・ポリティクス』東京：岩波書店

竹下郁子（2018）「なぜ杉田水脈議員は過激発言を繰り返し"出世"したのか—女性が女性を叩く構図は誰が作ったか」*Business Insider* 8月1日　https://www.businessinsider.jp/post-172378

師岡康子（2013）『ヘイト・スピーチとは何か』東京：岩波新書

安田浩一（2015）『ネットと愛国』講談社＋α文庫

安田峰俊（2020）「安倍政権最大の功績は"アイヌ博物館"だった？　200億円をブチ込んだ『ウポポイ』の虚実」文春オンライン　https://bunshun.jp/articles/-/40841

梁英聖（2020）『レイシズムとは何か』東京：ちくま新書

Bourdieu, P., & Wacquant, L. J. D. (1992). *An invitation to reflexive sociology.* Chicago, IL: The University of Chicago Press.

Carbado, D. W. (2013). Colorblind intersectionality. *Signs: Journal of Women in Culture and Society, 38*, pp. 811-845.

Collins, P. H. (1998). *Fighting words: Black women & the search for justice.* Minnesota, MN: University of Minnesota Press.

Crenshaw, K. (1989) Demarginalizing the intersection of race and sex: A Black feminist critique of antidiscrimination doctrine, feminist theory and antiracist politics. *The University of Chicago Legal Forum Volume 1989: Feminism in the Law: Theory, Practice and Criticism*, 139-167.

Gramsci, A. (1971). *Selections from the prison notebooks* (Q. Hoare & G. N. Smith, Trans. and Ed.). New York, NY: International Publishers.

Kendi, I. X. (2019). *How to be an antiracist.* New York: One World.

Kosaka, E. (2008). Ideological images: U. S. nationalism in Japanese settler photographs. C. Fujikane & J. Y. Okamura (Eds.), *Asian settler colonialism: From local governance to the habits of everyday life in Hawaii* (pp. 209-232). Honolulu: University of Hawai'i Press.

Kubota, R. (2002). Marginality as an asset: Toward a counter-hegemonic pedagogy for diversity. In L. Vargas (Ed.), *Women faculty of color in the white college classroom* (pp. 293-307). New York: Peter Lang.

Kubota, R. (2015). Race and language learning in multicultural Canada: Toward critical antiracism. *Journal of Multilingual and Multicultural Development, 36,* 3-12.

Kubota, R. (2020). Confronting epistemological racism, decolonizing scholarly knowledge: Race and gender in applied linguistics. *Applied Linguistics, 41,* 712-732.

Kubota, R., & Miller, E. R. (2017). Re-examining and re-envisioning criticality in language studies: Theories and praxis. *Critical Inquiry in Language Studies, 14,* 129-157.

Kumaravadivelu, B. (2016). The decolonial option in English teaching: Can the subaltern act? *TESOL Quarterly, 50,* 66-85.

Memmi, A. (2003). *The colonizer and the colonized.* London, UK: Earthscan.

Nagesh, A. (2020, November 22). US election 2020: Why Trump gained support among minorities. BBC News. https://www.bbc.com/news/world-us-canada-54972389

Nash, J. (2008). Re-thinking intersectionality. *Feminist Review, 89,* 1-15.

Rivers, D. J., & Ross, A. S. (2013). Idealized English teachers: The implicit influence of race in Japan. *Journal of Language, Identity & Education, 12,* 321-339.

Sister Scholars (2021). Strategies for sisterhood in the language education academy. *Journal of Language, Identity and Education.* DOI: 10.1080/15348458.2020.1833725

Sue, D. W., Capodilupo, C. M., Torino, G. C., Bucceri, J. M., Holder, A. M. B., Nadal, K. L., & Esquilin, M. (2007). Racial microaggressions in everyday life. American *Psychologist, 62*(4), 271-286.

Takahashi, K. (2013). *Language learning, gender and desire: Japanese women on the move.* Bristol, England: Multilingual Matters.

おわりに

現状に疑義を呈す：真の多様化社会の実現に向けて

坂本　光代

　名著 *Imagined communities: Reflections on the origin and spread of nationalism*（1983/ 1991/2006/2016）（邦題：『想像の共同体：ナショナリズムの起源と流行』）で ベネディクト・アンダーソンは、国家国民主義は出版資本主義に促された「想 像」から成るとしており、国家の概念（nation-ness）は、現代の政治的な側 面において最も普遍的で正統とされている価値である、としている（p. 3）。 本著では、日本国の、いわば「虚構」とも言える概念を成す「普遍的で正統 な価値観」に疑義を呈し、真の多様化社会実現に向けて、言語学や教育学、 心理学、地域研究などの知見からそれぞれ論じた。「多文化」よりも「多様化」 としたのは、「文化」は国や民族性とのつながりを連想させるのに対し、「多 様化」というのは些細な、多種多様な相違をも包含する、ポストモダンな概 念と考えるからである。

　全章に通底する主旨は、望まれる多様化主義を実現する上で、「マイノリ ティ側の課題」としがちな社会に浸潤する従前からの前提を、マジョリティ の問題として捉え直すことである。我々を取り巻く社会環境は、「一般常識」 とする概念に溢れており、それは社会的規範・基盤を成すものである。しか しその「一般常識」はマジョリティ主体で想像され、構築されてきたもので ある。したがって、多文化・多言語のもと、違う価値観・思考の人々と共生 するにあたって、その「常識」をそのまま先方に押しつけるのではなく、見 直しを要するのは多様化社会を生きる上で必然である。日本社会において「当 たり前の常識」を覆し、再構築するにはまずその意識化が必要であると考え た。よって、本著では読者が己の「潜在的意識」を認識・可視化し、日本社 会が瀕している課題を認識できるような内容を目指した。第1部（坂本・杉 村）ではマクロ的な視点から、多様化社会に適した、望まれる言語教育と教 育政策について、第2部（出口・渋谷）では日本人特権を可視化するための

尺度の開発、第3部（宮崎・田村）ではその尺度の実用について述べた。最後第4部（久保田）では、マジョリティが認識すべき責務についてレイシズムの概念を介して論じた。この一連の考察によって、マジョリティ側の意識変化・深化につながれば幸いである。

　ただ、ここで強調したいのは、「マジョリティ」「マイノリティ」と言っても、その存在ははっきりと、明確に2つに分けられるものではないということだ。第3章で超多様性（Blommaert, 2013）について言及したが、多様性の中にさらに多様性が見出せるように、「マジョリティ」「マイノリティ」の定義は本質的に複雑な要素が絡み合い、簡単に説明できるものではない。日本国籍でも他国で生まれ育ち、他言語を母語とする人々、逆に日本で生まれ育ち、日本語話者ながら他国籍の人々、一つの国に留まらず、国から国へと移動し、多言語を操る人々、国籍をいくつか持ち、様々な文化・言語の狭間で生きている人々など、近代の5つのスケープ（Appadurai, 1996; 第1章参照）が織りなすグローバル環境は、多種多様な人々を創出している。　また、コンテクストによっては、マジョリティがマイノリティに、マイノリティがマジョリティになる構図もあり得る。よって、マジョリティ・マイノリティという分け方を、決定的で対極的・恒久的なものとして理解するのではなく、文脈によってダイナミックで、柔軟に、複雑に変化し得るもの、として捉えることを提案したい。同様に、超多様化が認められる中、「〇〇人」と単純に国籍や人種、民族や、「アライ」「敵」などと分けることは、超多様性の認識と逆行しており、問題を多々孕んでいることも認識している。本著では便宜上そのような表現を使用している箇所もあるが、このような括りを使用するには懸念があったこともここで改めて記したい。

　また、日本人特権尺度（JPS）は、あくまでも日本人がそれまで認識してこなかった己の特権を自覚することを目的に開発された。JPSを間違って「日本人論」の一環として解釈し、他者を排他的・差別的に扱ったり、ステレオタイプを構築・強化するための道具として使用したりするのは避けたいことも改めて強調したい。

　しかし、それを踏まえた上で、社会においてそれぞれの「想像する共同

体」の折衝が、マジョリティ・マイノリティ間で起こっていることもまた現実で、そのことに対峙することも本著の目的の一つである。多文化共生とはすなわちマジョリティがマイノリティを「（善意で）受け入れてあげる」という、いわば自画自賛とも取れる、無意識ながらも横柄な解釈が横行している。その考えの横暴さとおごりを浮かび上がらせ、それについて議論する場を設けたかった。本著が、多様化社会は「他者を受け入れること＝マジョリティ側の寛容さ」とする考えに一石を投じ、疑問視するきっかけになればと願う。自己の潜在意識を認識し、また対話を介して相手を知ることで、想像だけに頼らない、持続可能な日本の在り方を創造できると考える。

　日本は今、新自由主義に基づいた、権力・リソース争奪のための競争社会となっている。相手を知らないからこそ生まれる恐怖心や不安、そして自分の盲信的なまでの正統性が、社会を分断していると言っていい。

　他者を意図的に、最悪無意識の中で搾取の対象とするのではなく、双方がお互いを賦活する社会こそが望まれる多様化社会のあり方だと確信する。同時にこれは、マジョリティ側・マイノリティ側双方の相互理解、協働、譲歩、そしてそれに伴う必然的な変化を示唆する。そのせめぎあいの中、自動的・盲目的にマジョリティ側のイデオロギーに傾注せず、話し合いを介して共同で見出す社会の「解」を模索することは、時には苦しい試練となることもあろう。グローバル化が進み、無責任に、表層的に多様性がもてはやされている昨今、本著を通じてその認識・覚悟の必然性を読者と共有できたらと願う。

　本著は、2016年4月に開始した科学研究費助成事業基盤研究（C）「マジョリティに向けた多様化社会の公正教育の在り方」（課題番号16K04622）の成果に基づいたものである。協力してくださった参加者の皆様には改めて心より感謝を表したい。

　グローバル化が進むと同時に少子化が加速している日本は、今後益々多様性に富んだ社会となっていくだろう。その過程で、ほんの少しでも本著がより良い多様化社会構築のヒントとなればこの上なく幸いに思う。

参考文献

Anderson, B. (1983/1991/2006/2016). *Imagined communities: Reflections on the origin and spread of nationalism.* London/New York: Verso.

Appadurai, A. (1996). *Modernity at large: Cultural dimensions of globalization.* Minneapolis, MN: University of Minnesota Press.

Blommaert, J. (2013). *Ethnography, superdiversity and linguistic landscapes: Chronicles of complexity.* Bristol, UK: Multilingual Matters.

索　引

ヤ　行

ラ　行

ワ　行

執筆者紹介

坂本　光代（さかもと　みつよ）　※編者、はじめに・第1章・第3章・おわりにを担当
上智大学外国語学部英語学科教授。トロント大学大学院（第二外国語教育）修士、博士号取得。カナダ国ウェスタン大学助教授、上智大学准教授を経て現職。研究分野はバイリンガリズム、継承語保持、多文化教育、批判的応用言語学、言語政策など。著書に『親と子を繋ぐ継承語教育』（共編著、くろしお出版）、『応用言語学から英語教育へ』（共編著、上智大学出版）、*Overcoming micro and macro constraints in the development of bilingualism and multilingualism*（共編著、*International Journal of Bilingual Education and Bilingualism: Special issue*）など。

杉村　美紀（すぎむら　みき）　　　　　　　　　　※第2章・第3章を担当
上智大学総合人間科学部教育学科教授、国連大学サステイナビリティ高等研究所客員教授。東京大学教育学修士・博士（教育学）。専門は比較教育学、国際教育学。ユネスコ国内委員会委員、世界比較教育学会理事、日本比較教育学会会長等を務める。研究テーマは人の国際移動と多文化教育、国際高等教育。主な著作に『日本で出会う世界：国内で実現する短期集中型国際研修』（共編著、上智大学出版）、*Equity in Excellence*（分担執筆、Springer）『移動する人々と国民国家：ポスト・グローバル化時代における市民社会の変容』（編著、明石書店）、『多文化共生社会におけるESD・市民教育』（共編著、上智大学出版）など。

出口　真紀子（でぐち　まきこ）　　　　　　　　　※第4章・第6章を担当
上智大学外国語学部英語学科教授。ボストン大学大学院修士（心理学）、ボストン・カレッジ大学院修士（発達心理学・教育心理学）、ボストン・カレッジ大学院博士（文化心理学）。米セントローレンス大学客員助教、神戸女学院大学准教授、上智大学准教授を経て現職。研究分野は、マジョリティへの社会的公正教育やマジョリティの差別の心理。共著に『北米研究入門2：「ナショナル」と向き合う』（上智大学出版）、監訳にダイアン・J・グッドマン『真のダイバーシティをめざして：特権に無自覚なマジョリティのための社会的公正教育』（上智大学出版）、共訳に『世界を動かす変革の力：ブラック・ライブズ・マター共同代表からのメッセージ』（明石書店）など。

渋谷　恵（しぶや　めぐみ）　　　　　　　　　　　　　　※第5章・第6章を担当

明治学院大学心理学部教育発達学科教授。筑波大学大学院（教育学研究科）修士、博士課程単位取得退学。筑波大学教育学系専任講師、常葉大学教育学部准教授及び教授を経て現職。研究分野は比較・国際教育学、特にシティズンシップ教育の国際比較、多文化共生社会におけるマジョリティ教育及び社会教育。共著『世界のシティズンシップ教育：グローバル時代の国民／市民形成』（東信堂）、『多文化に生きる子どもたち：乳幼児期からの異文化間教育』（明石書店）、『多文化社会に応える地球市民教育』（ミネルヴァ書房）など。

宮崎　幸江（みやざき　さちえ）　　　　　　　　　　　　※第7章・第9章を担当

上智大学短期大学部教授。テンプル大学大学院修士（TESOL）。ミシガン州立大学大学院博士（言語学）。日本と米国で日本語教育に従事した後、2006年より現職。研究分野は、社会言語学、年少者日本語教育、バイリンガリズム。編著に『日本に住む多文化の子どもと教育：ことばと文化のはざまで生きる』（上智大学出版）、主要論文「日本育ちのリマ帰国生の日本語会話力：JSL対話型アセスメント（DLA）を用いた分析」『母語・継承語・バイリンガル教育（MHB）研究』など。

田村　梨花（たむら　りか）　　　　　　　　　　　　　　※第8章・第9章を担当

上智大学外国語学部ポルトガル語学科教授。上智大学大学院外国語学研究科地域研究専攻修士、博士課程単位取得退学。研究分野はブラジル地域研究、社会学。編著書に『ブラジルの人と社会』（上智大学出版）、『抵抗と創造の森アマゾン：持続的な開発と民衆の運動』（現代企画室）、共著書に「外国につながる子どもと学校をつなぐNPOのノンフォーマル教育：横浜市鶴見区ABCジャパンの事例から」牛田千鶴編『南米につながる子どもたちと教育：複数文化を「力」に変えていくために』（行路社）など。

久保田　竜子（くぼた　りゅうこ）　　　　　　　　　　　※第10章を担当

ブリティッシュコロンビア大学教育学部、言語リテラシー教育学科教授。トロント大学大学院（第二外国語教育）博士。米国ノースカロライナ大学チャペルヒル助教授・准教授・教授を経て現職。研究分野は言語教育における文化の役割、言語イデオロギー、クリティカルペダゴジー、反レイシズムなど。著書に『グローバル社会と言語教育：クリティカルな視点から（久保田竜子著作選1）』『英語教育と文化・人種・ジェンダー（久保田竜子著作選2）』（くろしお出版）、『英語教育幻想』（ちくま新書）、*Race, culture, and identities in second language education: Exploring critically engaged practice*（共著、Routledge）など。

多様性を再考する
──マジョリティに向けた多文化教育

2021 年 12 月 20 日　第 1 版第 1 刷発行

編　者：坂　本　光　代

発行者：佐　久　間　　　勤

発　行：Sophia University Press
　　　　上　智　大　学　出　版

　　　　〒 102-8554　東京都千代田区紀尾井町 7-1
　　　　URL：https://www.sophia.ac.jp/

制作・発売　㈱ぎょうせい
〒 136-8575　東京都江東区新木場 1-18-11
URL：https://gyosei.jp
フリーコール　0120-953-431
〈検印省略〉

印刷・製本　ぎょうせいデジタル㈱
ISBN978-4-324-11099-7
(5300312-00-000)
［略号：（上智）多様性再考］

Sophia University Press

　上智大学は、その基本理念の一つとして、
「本学は、その特色を活かして、キリスト教とその文化を研究する機会を提供する。これと同時に、思想の多様性を認め、各種の思想の学問的研究を奨励する」と謳っている。

　大学は、この学問的成果を学術書として発表する「独自の場」を保有することが望まれる。どのような学問的成果を世に発信しうるかは、その大学の学問的水準・評価と深く関わりを持つ。

　上智大学は、(1) 高度な水準にある学術書、(2) キリスト教ヒューマニズムに関連する優れた作品、(3) 啓蒙的問題提起の書、(4) 学問研究への導入となる特色ある教科書等、個人の研究のみならず、共同の研究成果を刊行することによって、文化の創造に寄与し、大学の発展とその歴史に貢献する。

Sophia University Press

One of the fundamental ideals of Sophia University is "to embody the university's special characteristics by offering opportunities to study Christianity and Christian culture. At the same time, recognizing the diversity of thought, the university encourages academic research on a wide variety of world views."

The Sophia University Press was established to provide an independent base for the publication of scholarly research. The publications of our press are a guide to the level of research at Sophia, and one of the factors in the public evaluation of our activities.

Sophia University Press publishes books that (1) meet high academic standards; (2) are related to our university's founding spirit of Christian humanism; (3) are on important issues of interest to a broad general public; and (4) textbooks and introductions to the various academic disciplines. We publish works by individual scholars as well as the results of collaborative research projects that contribute to general cultural development and the advancement of the university.

Rethinking Diversity:
Multicultural Education for the Majority

© Eds. Mitsuyo Sakamoto, 2021

published by

Sophia University Press

production & sales agency : GYOSEI Corporation,Tokyo

ISBN 978-4-324-11099-7

order : https://gyosei.jp